AF428438

Mujeres & negocios

ANDREA LINARDI

Mujeres & negocios

La inclusión que las organizaciones requieren

Con los testimonios de dieciséis líderes
mujeres regionales

GRANICA

ARGENTINA - ESPAÑA - MÉXICO - CHILE - URUGUAY

Linardi, Andrea
  Mujeres & negocios : la inclusión que las organizaciones
requieren / Andrea Linardi. - 1a. edición especial - Ciudad
Autónoma de Buenos Aires : Granica, 2021.
  280 p. ; 22 x 15 cm.

  ISBN 978-987-8358-45-1

  1. Negocios. I. Título.
CDD 658.3008

A Facu, mi hijo,
quien cada día me enseña con su humanidad, empatía
y reflexiones.

A mi Madre,
que con su ejemplo me enseñó que es nuestra determinación
la que nos permite alcanzar aquello que deseamos.

A mi Tucha, la abuela de mi hijo,
por su presencia incondicional,
acompañándome en cada decisión a lo largo de mi vida.

Índice

Parte I
EL APORTE DIFERENCIADOR DE LA LÍDER MUJER
EN LA GESTIÓN ORGANIZACIONAL

Parte II
TESTIMONIOS VIVENCIALES DE LÍDERES MUJERES

Agradecimientos

Agradezco…

A todos aquellos que me alentaron e inspiraron a hacer realidad este deseo.

A la gente de Ediciones Granica, que creyó en mí nuevamente y me avaló con su publicación.

A Graciela D'Ercole, quien estuvo en cada detalle cuidando la calidad y alertándome en mis oportunidades de mejora como solo ella sabe hacerlo.

A Valeria Abadi, Constanza Bertorello, Silvia Bulla, Patricia dos Santos, Rosana Felice, Carolina García Zúñiga, Verónica Marcelo, Olivia Olmedo Herrera, Teresa Piraino, Silvina Rodríguez Pícaro, Carolina Sabbha, Paula Santilli, Cecilia Schmidt, Candela Torrado, Teresa Torralva y Karen Vizental, las líderes mujeres que generosamente me acompañan a través de sus testimonios; con todas interactué y de todas aprendí. Gracias por confiar en nuestra propuesta, con sus testimonios hemos logrado enriquecer nuestro libro con vivencias y experiencias de vida.

A Andrés Hatum, quien con su generosidad y profesionalismo engrandeció mi trabajo.

A María Gabriela Hoch, conocida por muchos de nosotros como Tissy, por su predisposición para escuchar de qué se trata esta obra y sumarse para prologarla.

A Marcela González Arcila, Josefina Michelini, Marcela Pizzarro, Graciela Sosa y Adriana Tombolini por sus aportes y tiempo para enriquecer nuestro libro.

Agradezco profundamente a mis equipos de trabajo, líderes y clientes que durante 34 años me han acompañado durante mi gestión profesional, enseñándome e inspirándome; sin ellos no sería la Andrea que soy hoy.

Palabras preliminares de la autora

Hace 34 años que el trabajar en y con empresas me ha permitido estudiar, conocer, interpretar y poder analizar fehacientemente la importante brecha entre la participación femenina y la masculina en las organizaciones.

Es diferente el respeto que ambos sexos reciben en sus interrelaciones cotidianas, son disímiles las responsabilidades conferidas a cada grupo y, consecuentemente, son dispares las posibilidades de desarrollo y las compensaciones económicas que las mujeres tenemos dentro de las empresas.

En la actualidad se ha instalado el discurso acerca de la importancia de promover culturas organizacionales que impulsen la inclusión y la diversidad. Sin embargo, los relevamientos del mercado siguen demostrando la baja participación de la mujer, y reafirmando su inequidad en cuanto a reconocimientos económicos y culturales dentro de las empresas. Esta situación tiene relación tanto con prejuicios culturales como con la automirada de nosotras mismas.

Las líderes mujeres en la Argentina ocupan solamente el 34% de las posiciones gerenciales-directivas en organizaciones privadas y el ingreso mensual es 27% menor que el ingreso que recibe un hombre en la misma posición (INDEC y CIPPEC, 2017).

Asimismo, la ONU, a través de su PNUD 2014 (Programa de las Naciones Unidas para el Desarrollo), afirma que solo tres de cada diez puestos de trabajo en los cargos de jefatura y dirección son ocupados por mujeres en nuestro país.

Algunas últimas resoluciones jurídicas abonan en la Argentina a la inclusión. La resolución número 34 del año 2020 de la Inspección General de Justicia de este país dispone que las organizaciones deberán incluir en su órgano de administración una composición que respete la diversidad de género. En caso de que se trate de una composición par, con la misma cantidad de mujeres que de hombres, y en caso de que se trate de una composición impar, con un mínimo de un tercio de mujeres.

A ello se suma el convenio 190 de la Organización Internacional del Trabajo convertido en ley número 27.580 en diciembre de 2020 en la Argentina, sobre la eliminación de la violencia y el acoso en el mundo del trabajo. Esto constituye un avance fundamental en la defensa de los derechos de las personas que trabajan. A través de dicho convenio se reconoce el "derecho de toda persona a un ambiente libre de violencia y acoso en el trabajo", incluidos los conceptos de violencia y acoso por razón de género o por cualquier cuestión sin ningún tipo de discriminación, considerándose estos una violación y un abuso a los derechos humanos que coartan el ejercicio de los derechos laborales fundamentales, y convirtiéndose en una amenaza para la dignidad, seguridad, salud y/o bienestar de las personas.

Mediante este convenio, la Argentina se encamina a fortalecer una equidad en materia de oportunidades y una reducción de las brechas de desigualdad.

En el mundo, las cifras que refleja la inequidad entre hombres y mujeres líderes en las organizaciones corren en el mismo sentido. Según muestra el Foro Económico Mundial en su reporte "The Global Gender Gap Report" (2020), a nivel mundial solo el 36% de los altos directivos del sector privado y los funcionarios del sector público son mujeres, y la proyección para el futuro, tomando como base de análisis los datos relevados durante el período 2006-2020, es que se necesitarán 257 años para cerrar la brecha de género a nivel global.

> *En el mundo, solo el 36% de los altos directivos del sector privado y los funcionarios del sector público son mujeres... Las mujeres en relación de dependencia cobran un 12,9% menos que los hombres.*

Asimismo, el análisis de la Organización para la Cooperación y el Desarrollo Económicos sobre la brecha salarial de género, que define la diferencia entre los ingresos promedio entre hombres y mujeres en relación de dependencia, sostiene que las mujeres cobran un 12,9% menos que los hombres (OCDE, 2019).

La pandemia, en la cual aún nos vemos inmersos, tampoco ha ayudado. Las restricciones generalizadas de nuestra cotidianidad, el cierre de las escuelas y el trabajar desde la casa han incrementado fuertemente las tareas en los hogares, las cuales fueron absorbidas en gran parte por las mujeres.

Según un informe de la Organización Internacional del Trabajo, a raíz de la pandemia las mujeres se han visto más afectadas que los hombres por la disminución de la ocupación, en todas las regiones y con respecto a todos los grupos de ingresos (OIT, 2021).

> *Se necesitarán 257 años para cerrar la brecha de género a nivel global.*

La consultora McKinsey junto con Lean In (2020) detecta en sus estudios que más del 70% de los hombres declaran compartir equitativamente las responsabilidades del hogar con su pareja durante la pandemia, mientras que solo el 40% de las mujeres dicen lo mismo. Esto tiene consecuencias en el estado físico-emocional de las mujeres e impacta en su vida personal y profesional. El 54% de las mujeres en funciones directivas declaran estar exhaustas y el 39% *quemadas*, mientras que solo el 41% y el 29%, respectivamente, de los hombres se sienten de igual modo (McKinsey & Lean In, 2020).

> *A raíz de la pandemia, el 54% de las mujeres en funciones directivas declaran estar exhaustas y el 39%* quemadas.

Se escucha defender argumentos sobre la líder mujer y su inteligencia emocional, empatía y, como consecuencia, sus atributos en la comunicación interpersonal. Los estudios demuestran que las mujeres son mejor evaluadas por sus colaboradores y que sus resultados son sobresalientes. Sin embargo, a pesar de las reconocidas habilidades comunicacionales, los relevamientos del mercado siguen demostrando el largo camino que aún tenemos para recorrer.

Desde *Mujeres & negocios* nos proponemos sumar conocimiento a la efectividad de la gestión de la líder mujer en sus ámbitos profesionales. Para ello, nos preguntamos: ¿qué diferencia se evidencia en la gestión de la líder mujer?, ¿qué relación tiene su comunicación con su estilo de liderazgo femenino? A lo largo de las páginas podremos reconocer que la comunicación es una herramienta que nos permite expresar los pensamientos y emociones, para promover la interacción de los equipos de trabajo y alcanzar los objetivos establecidos de manera exitosa. Y justamente es en la comunicación que las líderes mujeres contamos con características desarrolladas afectiva y efectivamente.

Este libro pretende sumar elementos de discusión y fundamentos en pos de generar conciencia en aquellos que tienen poder de decisión para generar cambios en las organizaciones, así como también generar valor al sentir de las mujeres para desarrollar su autopercepción y que reconozcan sus fortalezas para aportar a los negocios, y de este modo lograr un cambio de su presencia en las organizaciones.

Buscamos que cuenten con más datos para evaluar sus propias comunicaciones como elementos de gestión para un liderazgo motivador con sus equipos de trabajo.

Necesitamos tomar mayor conciencia de la importancia de la persona como eje central en las empresas, abandonando el clásico esquema piramidal centralizado en la autoridad de los jefes, reemplazándolo por un sistema de decisiones compartidas basadas en el involucramiento y compromiso de los empleados. Esto es posible si logramos comunicarnos y acercarnos a cada integrante de nuestros equipos, conociéndolo, escuchándolo, motivándolo, empoderándolo, compartiendo información, para lograr sumar el mejor aporte de cada uno.

Esperemos que la evolución cultural en la que ya estamos inmersos acelere su ritmo, escuchando el sentir de nuestros colaboradores, comprendiendo la complejidad de los cambios, experimentando la audacia, no atándonos a soluciones conocidas y haciéndonos cargo de las decisiones diferentes que se necesitan para liderar exitosamente los desafíos que los negocios de hoy requieren. Un mayor nivel de equidad e inclusión de las líderes mujeres es neurálgico para avanzar en este camino.

En esto va el futuro de las empresas y la sustentabilidad de sus negocios.

Depende de todos. ¡Hagámonos cargo!

Andrea Linardi

Prólogo

Fue casi una cita a ciegas cuando conocí a Andrea. Ella estaba de visita por Miami, ya transcurridos por lo menos nueve meses de la declaración de pandemia, y la invité a tomar un café. No suelo invitar a desconocidos a casa, pero a Andrea me la había presentado virtualmente una amiga en común muy querida, a quien luego encontré entre las entrevistadas de este libro.

Cuando llegó me preguntó si se podía sacar los zapatos para entrar, inmediatamente supe que congeniaríamos. Recordé que cuando inicié mi propio camino en el empoderamiento de las mujeres necesité "bajarme de los tacos" tal como escribí en mi primer libro, *Diario de una mujer vital*.

Para transitar el mundo de las mujeres líderes, "ese puñado de mujeres que han llegado", aprendí que es necesario mantener los pies firmes en la tierra, no perder el contacto con la Pachamama y especialmente ser humildes y entender que solo somos instrumentos, no solo para aportar nuestra mirada, sino especialmente, para empujar a más mujeres a esos espacios que parecen ser para algunas pocas.

"Que solo lleguen algunas, no es suficiente", me dijo una de mis mentoras más polémicas. "Y que, además, lleguen mujeres que no tengan esa solidaridad y consciencia de género, menos", enfatizó. Y si bien me pareció exagerado y duro esa primera vez que escuché ese concepto, hoy 15 años después, sé que es una verdad tan clara como el agua que tomamos.

En esa cita a ciegas nos zambullimos en una apasionada conversación, donde incluso en medio de una pandemia, donde reina la incertidumbre, el miedo, la ansiedad y la depresión, nos contamos nuestros proyectos, deseos y planes de acción más anhelados. Me contó sobre su libro *Mujeres & negocios* y yo le conté del proyecto del mío, sobre transformación personal y liderazgo consciente. Nos dimos cuenta de que hablábamos el mismo idioma, cada una desde su lugar, ¿quizá la misma moneda, diferente cara?

Mujeres & negocios es uno de los temas que más me fascinaron desde mis primeros pasos profesionales, cuando todavía no tenía ni el mínimo indicio de que luego me trasformaría en una activista de los derechos de las mujeres y en una ferviente impulsora del empoderamiento femenino.

Como encontrarás entre líneas en este libro, las estrategias imprescindibles para el desarrollo de las mujeres están absolutamente relacionadas con la conformación de redes de mujeres, el poder del mentoreo, las acciones de networking, la colaboración, la capacitación y visibilidad, y, sin lugar a dudas, el empoderamiento, independencia y autonomía económica y financiera.

Hoy, más que nunca, necesitamos líderes conscientes y espirituales en los espacios de decisión, y en cada rincón y eslabón de las organizaciones. Y si bien personalmente estoy convencida de que somos las mujeres las grandes aliadas como catalizadoras de esta transformación, también estoy convencida de que es una tarea de todos, hombres y mujeres, de la sociedad en su conjunto, de la humanidad entera.

Ese día, que Andrea se sacó sus zapatos antes de entrar a casa, después de una amena y apasionada charla sobre empoderamiento de las mujeres, evolución, liderazgo consciente y espiritual, me pidió que escribiera este prólogo, me sentí honrada y para mí era una invitación irresistible siempre que fuera para promocionar el desarrollo de las mujeres.

Siendo que una de las claves del empoderamiento de las mujeres es el mentoreo, leer y bucear por las historias y reflexiones de estas dieciséis mujeres extraordinarias me resulta una pieza de empoderamiento magistral para conectar, aprender, refrescar y apropiarnos de nuestro poder, no solo en el mundo de los negocios, sino en todas las esferas de la vida pública y privada.

Espero que te sumerjas en estas líneas y que absorbas como esponja todo lo que Andrea y sus entrevistadas tan generosamente nos comparten, y en especial deseo que con cada palabra, oración, párrafo, recuperes tu propio poder y recuerdes quién eres verdaderamente.

Me permito soñar que al terminar este libro te encuentres con tu propia luz, brillante, poderosa, que todos tenemos dentro pero no muchos recordamos frecuentemente. Al apropiarte de tu propia luz, sin darte cuenta, autorizas a los demás a hacer lo mismo, y eso nos conduce hacia un mundo cada vez más amoroso, justo y equitativo.

Más arriba, dejé una pregunta abierta. ¿Dos caras de la misma moneda? Según Carl Jung, nuestra misión en la vida es un proceso de individualización y de integración, quizá podamos inferir que no se trata de una cara de la moneda o de la otra, sino de un proceso de integración y alineación. En este caso, la integración de mujeres y negocios + consciencia y transformación.

Para mí, el empoderamiento auténtico es la alineación de la personalidad con los anhelos del alma, ejerciendo un liderazgo consciente, integrando mente y corazón, y desde allí contribuir al mundo. Celebro este libro de mujeres, negocios y empoderamiento, y abogo por más integración, consciencia y sanación en el mundo.

Me despido con una de mis frases favoritas de la psiquiatra jungiana Jean Shinoda Bolen: "La compasión, la espiritualidad, la preocupación maternal y el deseo y la necesidad de paz son, combinados con el feminismo, la fuerza que puede salvar el mundo".

Miami, enero de 2021

María Gabriela Hoch[*]

---

[*] Mentora en liderazgo consciente, sanadora energética y empoderamiento de mujeres. Miembro de Vital Voices Global Leadership Network. Cofundadora y presidenta honoraria de Voces Vitales Argentina. Fundadora y directora ejecutiva de WE Evolution | Vital Voices Miami. Autora del libro *Diario de una mujer vital. Empoderamiento, liderazgo y mentoreo para tu evolución personal y profesional.*

Parte I

El aporte diferenciador
de la líder mujer
en la gestión organizacional

Capítulo I

Los estereotipos sociales como limitantes en el desarrollo de la líder mujer

El trabajo es considerado la actividad por excelencia que deben y necesitan realizar para sobrevivir tanto hombres como mujeres. Sin embargo, no a todos los individuos que realizan esta vital labor se le otorgan las mismas actividades, y por lo tanto los mismos beneficios.

Históricamente al hombre se lo ha considerado más apto y capacitado para desempeñar determinadas tareas, sobre todo en el ámbito gerencial, ya que socialmente se entiende que posee cualidades que lo distinguen, tales como su autoritarismo, entendido en sentido positivo al momento de otorgar puestos de poder, su razonabilidad, su capacidad de enfrentar riesgos y acertar, entre otros atributos.

Paralelamente, a la mujer se la suele entender como sensible, emocional y empática, en un sentido en el cual conectar emocionalmente con ciertas personas del ámbito laboral o asuntos que se suceden en el día a día afecta al resultado de sus acciones, ya que verter demasiada emoción es considerado negativo para los negocios.

Estas características negativistas y estereotípicas han sido, y siguen siendo en gran medida, limitantes para su desarrollo en los cargos en cuestión. Esto nos indica que al momento de juzgar el desempeño de una tarea, muchas veces lo primero que se juzga es el género de quien está en el cargo o aspira a estarlo.

Profundicemos algunos pilares fundamentales para examinar por qué las mujeres no han llegado aún a la cima en igual proporción que los hombres en sus respectivos ámbitos laborales, intentando brindar una explicación de carácter abarcativo al respecto.

Particularidades del hombre y de la mujer

Partamos por diferenciar las categorías sexo y género. El primero es dado de manera biológica dividiendo a la población en hombres y mujeres. Mientras que el género corresponde a una construcción social sobre las expectativas, características y comportamientos que se esperan y ejercen. En pocas palabras, el género refiere a las diferencias psicológicas, sociales y culturales de los individuos.

Las características, predisposiciones y cualidades de las personas en muchas ocasiones, la gran mayoría, aún hoy siguen marcando las bases y pautas para ser referenciadas y contratadas para ocupar un puesto o ejercer un rol dentro de las empresas y organizaciones en búsquedas de líderes gerenciales. Es por eso que entender cuáles son las cualidades que se les atribuyen a los distintos géneros nos permitirá entender cuál es la situación de ellos en el mundo gerencial.

Mucho se escucha sobre algunos de los rasgos que caracterizan al hombre en las organizaciones, considerándolo como la mejor opción para liderar. Algunas de sus facetas, tales como la ambición, el cinismo, el autoritarismo, su alto nivel de competencia, la soberbia, la falta de escucha y su gran capacidad en la toma de decisiones efectivas, suelen identificarlo.

Francoise Contreras Torres estudia a la mujer en su función de líder describiéndola como insuficiente en lo que concierne a las habilidades de toma de decisión o a la competencia agresiva necesaria para triunfar en los negocios, ya que son percibidas como demasiado emocionales (Torres, 2012).

A su vez, podemos decir que hay un acuerdo tácito por el cual se le atribuyen a las mujeres como propias las habilidades blandas, como la empatía, la tendencia al compromiso y la inclusión de otras voces en el momento de tomar decisiones. Si bien hoy estas características tienen una mayor relevancia a la hora de ejercer el liderazgo gerencial, las mujeres siguen siendo percibidas como más sensibles y débiles, a diferencia de sus pares masculinos.

En este sentido, las mujeres estarían facilitando las relaciones interpersonales, serían más afectivas, emocionales y sensibles, mientras que los hombres acudirían más al control, a la agresividad, a la dominación, a la ambición y al individualismo (Torres, 2012). Además, llegado el momento de resolver problemas complejos, mientras que los hombres utilizan el razonamiento, las mujeres recurren más al uso de estrategias verbales.

> *Llegado el momento de resolver problemas complejos, mientras que los hombres utilizan el razonamiento, las mujeres recurren más al uso de estrategias verbales.*

Por otra parte, a la mujer se la suele asociar a la familia, lo que conlleva pensar que no está preparada para enfrentar el desafío que plantea la contraposición de la conjugación familia-trabajo. Si consideramos que ser mujer implica tener hijos y/o una familia de la que ocuparse, entonces las responsabilidades que se suman al ocupar un puesto gerencial parecieran obnubilar la eficacia que debiera ser el fin último de las acciones que se toman en una empresa.

Es importante destacar esas diferencias y entender que ellas no son más que estereotipos que delinean la visión que la sociedad tiene sobre la eficiencia de los líderes. Ahora bien, la pregunta sería: ¿cómo afecta o limita la visión de estos estereotipos al rol de las mujeres en los puestos gerenciales?

Algunas de las consecuencias más contundentes son las prácticas que se aplican en las organizaciones para limitar el avance de la mujer en el campo profesional. Estas prácticas terminan moldeando la comunicación que las líderes femeninas eligen por el mero hecho de buscar encajar con los estándares que la sociedad impone para el estereotipo de líder gerencial, dejando a un lado su verdadero estilo personal.

Estos roles hombre-mujer toman mayor relevancia en el momento tan especial que estamos viviendo. La pandemia también nos ha enseñado sobre este punto. Como ya adelantamos en nuestro prólogo, la consultora McKinsey junto con Lean In (2020) detecta en sus estudios que más del 70% de los hombres declara compartir equitativamente las responsabilidades del hogar con su pareja durante la pandemia, mientras que solo el 40% de las mujeres coincide con esa percepción.

> *Durante el Covid, más del 70% de los hombres declara compartir equitativamente las responsabilidades del hogar con su pareja durante la pandemia, mientras que solo el 40% de ellas coincide con esa percepción.*

Esto tiene consecuencias en el estado físico-emocional de las mujeres, impactando en su vida personal y profesional. El 54% de las mujeres en funciones directivas declara estar exhausta y el 39% *quemadas*, mientras que solo el 41% y el 29%, respectivamente, de los hombres sienten de igual modo (McKinsey & Lean In, 2020). La pandemia en la cual estamos inmersos ha damnificado más a las mujeres que a los hombres, tanto en el ámbito personal como en el profesional.

Teorías sociales de limitación de comportamiento

Para avanzar en la reflexión, es importante revisar de manera sintética cuáles son algunas de las teorías que buscan describir el impedimento de las mujeres para alcanzar altas posiciones en las compañías. Es decir, cuáles son las barreras del liderazgo femenino.

Son numerosos los estudios con relación al género y las inferencias que estas aportan para comprender la situación de empoderamiento, o a su falta, de las líderes femeninas. La principal función de estas explicaciones es contribuir al entendimiento de los prejuicios sociales y a la evaluación que se da a estos en lo que a las habilidades de las mujeres respecta.

Existen limitaciones que trascienden el desempeño laboral de las mujeres en sus espacios laborales, y encuentran su respaldo en hechos ineludibless, como la percepción social. Esto nos da la pauta de que en la actualidad la líder mujer no solo debe vencer los obstáculos comunes para todo el que se encuentre en una misma posición de poder, sino que debe enfrentar un doble desafío al encontrarse obligada a deconstruir prejuicios sociales y valores arcaicos que pretenden dictar cuál debería ser su comportamiento en el ámbito laboral.

Estos prejuicios, entendidos como construcciones culturales de género, se basan en valores y principios excluyentes que edifican un modelo o estereotipo tanto de hombres como de mujeres; es decir, roles.

Es importante conocer y reflexionar para entender la cuestión en un doble sentido: en primer lugar, cómo estas limitaciones establecidas por la sociedad implican fenómenos de percepción para la aceptación o rechazo de las prácticas comunicativas de las líderes femeninas, y en segundo lugar para comprender cómo afectan esas mismas limitaciones en un plano más personal, influyendo en la autopercepción de la líder femenina.

El estudio realizado por Berbel Sánchez se enfocó en analizar cómo las perspectivas sociológicas impactan de manera directa en el desempeño de las líderes mujeres (2014).

- Se entiende por *techo de cristal* a las limitaciones generadas por los estereotipos sociales. Corresponde a las barreras no explícitas que impiden a las mujeres acceder a ciertos cargos directivos y constituyen un obstáculo que les impide ejercer roles de liderazgo. Estos obstáculos se basan en las expectativas sociales que son depositadas en la mujer y perjudican su acceso a puestos de liderazgo.
- Es decir, al momento de otorgarle un puesto de alta responsabilidad, todas las características que no se correspondan con el estereotipo masculino pueden ser un limitante para el acceso de las mujeres.
- Por otra parte, a la *congruencia de rol* se la identifica como aquel comportamiento que se espera de un líder basado en el género que representa. En este punto la imagen descripta anteriormente de cada uno de los géneros limita el desarrollo de la mujer en niveles ejecutivos en las organizaciones.
- Y, finalmente, la idea de *mimetización* explica que algunas líderes femeninas elijan adoptar un estilo de comunicación y de liderazgo con características más bien atribuidas al género masculino para encajar, o bien no desentonar, en sus ámbitos laborales. Entonces, y la realidad lo demuestra, muchas veces nos encontramos con mujeres masculiniza-

das cuyas prácticas comunicativas resultan más semejantes a la impronta masculina. ¿Qué sucede en situaciones donde la mujer se encuentra en espacios en los cuales el paradigma preeminente es el del hombre? Cuando el predominio es masculino, se da un fenómeno de autopercepción en el que la mujer siente que no tiene lugar para compartir sus ideas, o bien al compartirlas es ignorada ya que no encaja con el contexto situacional o los estándares del ámbito laboral.

Habiendo revisado algunas de las principales teorías sociales y fenómenos de percepción que pretenden explicar las limitaciones que deben enfrentar las líderes mujeres al momento de comunicar y ejercer puestos gerenciales, observamos que algunas, al verse afectadas por aquello que la sociedad considera óptimo en términos de dirigencia, deciden adoptar conductas que quizá no sean propias de su forma de ser, de su estilo.

¿Qué nos sucede con nuestra propia autopercepción? ¿Cómo se ve a sí misma la mujer en la empresa y en la sociedad y cuál es el rol con el que se identifica y se siente cómoda al emplearlo? ¿Son conscientes las mujeres de sus propias capacidades?

Limitar a una mujer a prejuicios sociales puede ocasionar una desvalorización sobre sus propias capacidades. Si el estereotipo femenino consta de simpatía, comprensión y sensibilidad, y los valores que buscan las empresas son ambición, independencia y carácter fuerte, entonces pareciera que la líder femenina no tiene espacio para su aporte al ámbito laboral, y podría ocasionar una autopercepción de debilidad e incapacidad de comunicar eficientemente.

Una idea recurrente es la falta de conciencia de las líderes femeninas acerca de la contribución particular que pueden brindar o podrían facilitar desde su capacidad de comunicar a través del uso de emociones para inspirar a los empleados. María Consuelo Cárdenas analiza la conciencia femenina y logra ver que gran parte de las líderes por ella entrevistadas no tenían conciencia de su contribución particular e incluso rechazaban claramente la idea de que las mujeres tuvieran una forma particular de hacer las cosas (2005). Esto demuestra que algunas líderes femeninas no logran reconocer la existencia de un estilo de liderazgo propio, diferente del masculino, ya que en ocasiones consideran que ser ellas mismas y apelar a las emociones en la comunicación las hará ver débiles o ineficientes.

Siguiendo la idea del estereotipo de liderazgo ideal masculino donde la clave es ser autoritario, la empatía de las mujeres, lejos de ser una cualidad que podría potencialmente beneficiar a todos haciéndolos partícipes de la toma de decisiones y de generar una suerte de identificación colectiva dentro de la comunidad empresa, se convierte en un defecto y un aspecto que la líder femenina debería reprimir en vez de explotar.

Es muy curioso un estudio realizado por Rachael Lepchitz en su tesis doctoral donde pone énfasis en esta última idea. Al examinar cuál es la conducta de las mujeres en ambientes laborales donde el género que predomina es el masculino, encuentra que la gran mayoría de las líderes mujeres presenta un *fenómeno de mudez* que impacta de manera directa en las técnicas de comunicación que decide implementar. Esta mudez por la que opta la mujer se puede relacionar con una perspectiva de grupo silenciado donde los grupos subordinados asimilan las normas del grupo dominante (2012).

Los prejuicios sociales y el impacto en la autoimagen que las líderes femeninas generan sobre sí mismas a raíz de estos prejuicios logran opacar las propias capacidades que estas líderes pueden desplegar, y no solo están en desventaja, sino que además se sienten en desventaja, lo que desalienta su labor. Pareciera que la diferencia no es algo negociable o positivo, donde en vez de coexistir, una debería dominar e imponerse sobre la otra.

Es necesario enfatizar entre las líderes mujeres, evangelizar entre nosotras mismas, promoviendo el networking y generando las conversaciones necesarias para reconocer y aceptar la diferencia de nuestro liderazgo, no como algo negativo o como una posición en desventaja, sino como una realidad que debemos hacer escuchar. Entender qué es lo que necesita para destacar en el ambiente laboral en términos de estilos comunicativos, aceptando la diferencia y transformarla en algo positivo que permita explotar todas las cualidades que nuestro propio estilo puede agregar a los ambientes laborales.

Una investigación realizada por McKinsey & Lean In (2018) en Estados Unidos demuestra que el 51% de las mujeres considera que necesita demostrar con mayor evidencia su competencia que otros en la organización donde trabajan. Las teorías y los estudios concuerdan en gran medida con esa autopercepción.

Ahora bien, aun siendo conscientes de determinadas barreras existentes en la sociedad, esto no implica que todas las líderes femeninas se vean limitadas en el cumplimiento de sus funciones y en el tipo de desenvoltura que elijan tener. Hay líderes femeninas que son conscientes de sus características y deciden apartarse de los prejuicios sociales y avanzar con su propio estilo comunicativo y de liderazgo.

El mundo cambia y avanza en este sentido. Claramente falta mucho por recorrer, pero la dirección ha cambiado.

Los números del informe del FMI demuestran que tener una mujer más en la alta gerencia o en el consejo directivo de una empresa, sin cambiar el número de sus integrantes, eleva entre 8 y 13 puntos el rendimiento de los activos (Lagarde, Ch., 2019).

Según declaraciones de Christine Lagarde, cuando aún se desempeñaba como directora gerenta del Fondo Monetario Internacional, los estudios de la institución demuestran que si el empleo de las mujeres se equiparara al de los hombres, las economías serían más resilientes y el crecimiento económico sería mayor. Los números del informe del FMI demuestran que tener una mujer más en la alta gerencia o en el consejo directivo de una empresa, sin cambiar la cantidad de sus integrantes, eleva entre 8 y 13 puntos el rendimiento de los activos (Lagarde, Ch., 2019).

Necesitamos revisar las teorías, entender de dónde partimos para valorar lo avanzado y tomar conciencia de todo lo que aún nos falta por recorrer. Con independencia de la mirada social, claramente las mujeres tenemos mucho para reflexionar, recorrer, creernos y hacernos cargo. Hagamos las jugadas necesarias y creamos que podemos ganar el partido, ese es es primer paso para lograrlo.

Capítulo II

Relación entre la comunicación y la efectividad del liderazgo de la mujer

¿Por qué relacionamos la comunicación con el liderazgo?

Existen numerosas definiciones que pueden citarse en el momento de intentar conceptualizar tanto al liderazgo como a la comunicación. Pero a grandes rasgos puede comprenderse que el liderazgo puede ser entendido como una influencia interpersonal ejercida en una persona, situación o grupo, cuyo mecanismo de vehiculización es la comunicación. Para que el liderazgo sea efectivo se debe emplear la correcta comunicación.

¿Qué es comunicar? Comunicación proviene de la palabra en latín *communicare,* que quiere decir compartir. Indudablemente de eso se trata: de compartir con los demás nuestras ideas y, así, involucrar a todos en el asunto. Si pensamos en una organización, el comunicar ayuda a conseguir el compromiso y la motivación de los colaboradores para llegar a los objetivos planificados. No basta con ser capaz de pensar una idea fantástica o armar un gran plan. La diferencia radicará en conseguir conectar a todos para que, en equipo, puedan hacer frente a los retos. Y eso lo lograremos… ¡comunicando!

Por otra parte, es importante resaltar que si entendemos el liderazgo como un proceso de influencia estamos hablando de un fenómeno de percepción social donde alguien se convierte en líder porque otros le reconocen el poder para serlo. Esta es la gran diferencia entre jefe y líder. La autoridad en un caso es otorgada por la organización, y en el otro es reconocida por el equipo de trabajo.

Pero es evidente que no todos contamos con las mismas capacidades comunicativas y que el contexto condiciona la forma de dar el mensaje. Somos nosotros y nuestras circunstancias. Es decir, un mismo mensaje no funciona para todos de igual manera, ni lo damos a todos de igual manera, ni el contexto es ajeno en el momento de darlo. Como vemos, diversas variables impactan en su efectividad.

La comunicación permite lograr las metas de una organización, pero no por sí misma. La comunicación necesita ser transmitida, necesita de la voz de un líder que se haga escuchar. "El liderazgo es el proceso de influencia entre líderes y seguidores para lograr los objetivos organizacionales por medio del cambio" (Lussier y Achua, 2008). Al hacerlo efectivamente se logra que los colaboradores piensen no solo en sus propios intereses, sino también en los de la organización.

La influencia es el resultado del proceso de un líder al comunicar sus ideas, ganar la aceptación de ellas y motivar a los seguidores para respaldar e implementarlas por medio del cambio; como vemos es vital en el liderazgo. Es decir, resulta indispensable contar con un líder capaz de persuadir a una persona o grupo con el fin de alcanzar una meta organizacional. Peter Senge (2006), especialista en management, asegura que "la gente no sobresale porque se lo ordenan, sino porque lo desea"; y ese es el gran desafío del líder, comunicar efectivamente para lograr el involucramiento y el compromiso.

El líder desempeña un papel central para dirigir la conducta de los equipos de trabajo, y el tipo de comunicación que emplee debe ser el correcto para lograr generar la motivación, el compromiso y la responsabilidad que inspire dar lo mejor de uno para alcanzar los objetivos del negocio.

La comunicación del líder debe tener como objetivo principal inspirar y motivar, y la manera en que se comunique hará la diferencia en lograrlo o no. Como nos enseñó Maya Angelou (escritora norteamericana, 1928-2014): "Aprendí que la gente olvidará qué dije, qué hice pero nunca cómo los hice sentir". Sostenemos que esta frase es una máxima en la comunicación como herramienta de gestión de un liderazgo motivador e inspirador con los equipos.

📖 *Aprendí que la gente olvidará qué dije, qué hice pero nunca cómo los hice sentir.* Maya Angelou.

Un punto más para destacar: la comunicación conlleva la ineludible transmisión de emociones, tanto positivas como negativas. Y las emociones afectan la forma en la que el receptor recibe un mensaje. Las emociones se transmiten a través de nuestra corporalidad y vocalidad.

De acuerdo con investigaciones llevadas a cabo por el profesor de psicología de la Universidad de California, Albert Mehrabian, si la comunicación es ambigua creemos solamente en un 7% en las palabras, y el otro 93% se guía por la comunicación no verbal. Dentro de ese 93%, el 38% presta atención a la vocalización (voz, modo de entonar, resonancia, volumen) y el 55% se focaliza en el lenguaje corporal (gestos, postura, el modo en que se mueven los ojos, la manera de respirar).

Queda claro, entonces, que lo que "decimos" con el cuerpo influye en nuestras comunicaciones; aun más que lo que se diga, impacta el modo en que se lo diga.

📖 *El 93 % de nuestro mensaje está influenciado por nuestra comunicación no verbal. El cómo lo decimos impacta fuertemente en qué decimos.*

¿Podemos reconocer habilidades propias de las líderes mujeres?

La realidad ha cambiado de manera estrepitosa. Han sucedido una serie de transformaciones que en gran medida trajeron consigo el advenimiento de una nueva era de empoderamiento femenino. En los últimos años se ha incrementado la presencia femenina en ámbitos laborales, potenciada por un aumento en la educación y formación que reciben las mujeres en el mundo, y la existencia de un modelo diferenciado de liderazgo femenino.

En otras palabras, si bien el uso de las emociones no es recurrente en el estereotipo de liderazgo gerencial que ha identificado al género masculino, las líderes femeninas han decidido aplicar sus propios métodos y su personalidad en el desempeño de sus funciones para generar un impacto.

El liderazgo que emplea técnicas de comunicación inclusivas y empáticas obtiene mayores índices de satisfacción y compromiso, ya que resulta el más eficiente en el momento de motivar a sus empleados.

Si se tuviese que dar un panorama general del estilo de liderazgo femenino, podría decirse que es mayormente tendiente a la creación de redes personales, de mayor inclusión, donde se presenta una actitud lejana al poder verticalista y enfocada en la motivación a través de la comunicación como clave del proceso de productividad (Vries, Bakker-Pieper y Oostenveld, 2010).

Por eso el estudio realizado por Malek y Jaguli (2018) ha encontrado que las líderes femeninas son más efectivas que los líderes masculinos en términos de consolidar estructuras sociales dentro de los espacios laborales y de presentar mayores índices de consideración hacia sus empleados.

Javier B. Santa Olalla (2018), en su tesis doctoral analiza la transmisión de autoridad al hablar en público partiendo de la teoría de que los errores verbales al comunicar resultan en una pérdida de percepción de autoridad. A raíz de eso, el autor derriba el prejuicio que implica que las mujeres cometen mayor cantidad de errores verbales que los hombres al transmitir mensajes. Sus resultados demuestran, por un lado, que la percepción de autoridad de las líderes mujeres no debería verse influenciada por su léxico y retórica, ya que el margen de error es prácticamente el mismo, y termina por probar que no existe una diferencia en la comunicación desempeñada por ambos géneros que implique a la líder mujer por debajo de las capacidades del líder masculino.

Todo aparenta ser muy prometedor, pero sin embargo queda aún mucho por recorrer.

Como ya compartimos, según muestra el Foro Económico Mundial en su informe "The Global Gender Gap Report" (2020), a nivel mundial solo el 36% de los altos directivos del sector privado y los funcionarios del sector público son mujeres, y la proyección hacia el futuro, tomando como base de análisis los datos relevados durante el período 2006-2020, indica que se necesitarán 257 años para cerrar la brecha de género global.

> 📖 *Si esto sigue así, no viviremos la equidad ni nosotras ni nuestras hijas. Tomar conciencia es el paso inicial para generar un cambio.*

Una investigación realizada por McKinsey & Lean In (2020) en Estados Unidos demuestra que hasta antes de la pandemia solo el 33% de las posiciones directivas o superiores eran ocupadas por líderes femeninas, así como también que el número de mujeres que necesita demostrar con mayor evidencia su competencia para la función duplica al número de hombres con la misma declaración (2018).

En el mismo rango de análisis, un estudio realizado por Grant Thornton (2019) manifiesta que a nivel mundial tan solo el 29% de las posiciones senior en las empresas estaban ocupadas por una mujer, mientras que en la Argentina solo se llega al 20%.

Pero el cambio sigue avanzando: la globalización, las redes de mensajería instantánea, la ampliación de derechos humanos y la concientización social, el cuidado ambiental, una mayor conciencia de vivir plentamente, la igualdad como valor, el crecimiento de la empresa que lleva a la necesidad de emplear y coordinar nuevas relaciones comunicativas, entre otros.

A su vez, cabe entender que cada recambio generacional en las organizaciones implica una necesidad de repensar el modo de liderar. En palabras del sociólogo Alvin Toffler: "El analfabeto del siglo XXI no será aquel que no sepa leer o escribir, sino que será aquel que no pueda aprender, desaprender y reaprender".

> *El analfabeto del siglo XXI no será aquel que no sepa leer o escribir, sino que será aquel que no pueda aprender, desaprender y reaprender* (Alvin Toffler).

La transformación de la autoridad devino en un tipo de liderazgo catalogado como "transformacional", cuyo pilar fundamental es el de la transmisión de motivación y visión a través de las emociones. Comunicar emociones positivas apelando al entusiasmo y a la satisfacción genera a grandes rasgos la inspiración, la comodidad y la motivación de los trabajadores, aumentando la efectividad de los líderes.

¿Pero por qué es esto necesario? Porque las organizaciones necesitan gestionar con mayor agilidad frente a los niveles de cambio e incertidumbre constantes, la adaptación se pondera como una real ventaja competitiva en los negocios del siglo XXI.

Para lograr ser exitosos en este desafío se requiere de un liderazgo que empodere a sus equipos a través de estructuras más horizontales y participativas. Las reglas y los procedimientos para desempeñar las tareas se diluyen, comenzamos a reconocer que el conocimiento está en los colaboradores más que en sus supervisores. La información comienza a compartirse ampliamente; antes era considerada un elemento de poder, ahora pasa a ser un eslabón para empoderar y motivar el desempeño de los colaboradores. La comunicación, como herramienta de gestión del líder, es reconocida como esencial para la gestión efectiva.

Fue James MacGregor Burns quien a fines de la década de 1980 mencionó por primera vez el término "transformacional" para referirse a los líderes en el campo político. Una década después, Bernard Bass aplicó el mismo concepto en el mundo organizacional.

El eje del líder transformacional es reconocido porque logra cambios en gran medida, buscando desafiar lo conocido a través de una comunicación eficaz a sus equipos basándose en una visión compartida.

Es clave comprender el impacto del estilo que el líder ejerza en la innovación y la flexibilidad frente al cambio constante de los negocios. El liderazgo transformacional facilita el empoderamiento de sus colaboradores y como consecuencia es ventajoso en momentos de incertidumbre y cambio, indispensable para liderar el *Year Zero* que estamos viviendo, como lo catalogó la agencia TBWA (TBWA, 2021).

> 📖 *El liderazgo transformacional facilita el empoderamiento en sus colaboradores y como consecuencia es ventajoso en momentos de incertidumbre y cambio, indispensable para liderar el* Year Zero *que estamos viviendo.*

Como nos enseña Daft, un cambio puede ser gestionado exitosamente cuando los colaboradores están dispuestos a dedicar la energía para alcanzar las metas, así como para soportar el estrés y las dificultades. La comunicación y la claridad en los mensajes del líder son clave para lograrlo (Daft, 2011).

Las líderes mujeres tienen un modelo de gestión, en su mayoría, que se ajusta de manera innata con el liderazgo transformacional que detallamos.

La comunicación juega un rol central cuando se intenta definir un liderazgo de género femenino, diferenciado del desplegado por el género masculino.

Una de las primeras características distintivas que surgen en la comunicación de la líder mujer resulta ser el predominio de la participación grupal, la inclusión y la comunicación abierta a la escucha. La líder mujer se presenta mucho más predispuesta a la escucha de diversas opiniones, logrando que las "aspiraciones personales se conjuguen con los objetivos organizacionales" (Medina-Vicent, 2014). Su estilo horizontalista de comunicación y su inclinación a la participación de los miembros de su equipo en las discusiones y toma de decisiones la lleva a ser vista como una fuente de inspiración y motivación de quienes están a su cargo.

A este conjunto de características comunicativas de las líderes femeninas, identificado como "liderazgo transformacional", es al que se le atribuyen determinadas cualidades como el carisma o influencia idealizada, la consideración individualizada, la motivación inspiracional y la estimulación intelectual. Es así que la líder mujer, con estas características carismáticas e inclusivas en su modelo de gestión, se convierte en un modelo a seguir.

La investigación llevada a cabo por Grant Thornton (2018) a nivel global demuestra que los principales atributos gerenciales de la líder mujer en sus respectivos ámbitos laborales son: comunicación (42%), habilidad de inspirar (34%) y confianza (27%). Los equipos de trabajo reconocen estas habilidades en sus líderes mujeres.

> *Los principales atributos gerenciales de la líder mujer en sus respectivos ámbitos laborales son: comunicación (42%), habilidad de inspirar (34%) y confianza (27%).*

Una de las características principales del liderazgo transformacional es la capacidad para motivar y promover la estimulación intelectual a través de la inspiración. ¿Por qué resultan relevantes la motivación y la inspiración en el trabajo? Si entendemos que el liderazgo es una herramienta utilizada en el ámbito empresarial para lograr una sinergia laboral beneficiosa, entonces la motivación y la inspiración se convierten en elementos extremadamente necesarios para cautivar a los colaboradores laborales con respecto a los objetivos de la empresa, donde el trabajador logre sentirse parte de un proceso, y no lo sienta tan solo como una obligación. Es bajo este principio que el "liderazgo transformacional (...) pone el foco en el líder. (...) Los líderes transformacionales utilizan sus energías y la comunicación para atraer a los seguidores hacia el logro de las metas" (Choudhary, Akhtar & Zaheer, 2013).

La teoría citada parece estar de acuerdo con que el liderazgo transformacional se presenta como una suerte de respuesta a las demandas que han surgido como producto de la evolución en el sector empresarial y ha encontrado su representación en el estilo que las líderes femeninas suelen emplear en el momento de comunicar. Un estilo que por su maleabilidad, capacidad de innovación y adaptación a las diversas exigencias que hallan en sus respectivos ámbitos es capaz de generar una visión compartida, sentido de comunidad y una motivación que logra optimizar el rendimiento de las organizaciones.

Quizás sea el momento en el que los líderes masculinos empiecen a mirar a las líderes femeninas con el ánimo de reconocer otros caminos para un liderazgo inspirador.

Los autores Tomás Chamorro Premuzic y Cindy Gallop recomiendan que sería conveniente pedirles a los líderes hombres que aprendan algunos comportamientos característicos de las líderes mujeres, entre los que destacan: poner a la gente delante de uno, no ordenar sino empatizar, ser humildes, motivar a los equipos inspirándolos para algo superior y tener mayor conciencia de las limitaciones de uno mismo (Chamorro Premuzic T. y Gallop C., 2020).

> *Sería conveniente pedirles a los líderes hombres que aprendan algunos comportamientos característicos de las líderes mujeres, entre los que destacan: poner a la gente delante de uno, no ordenar sino empatizar, ser humildes, motivar a los equipos inspirándolos para algo superior y tener mayor conciencia de las limitaciones de uno mismo.*

Capítulo III

Investigación sobre la comunicación de la gestión de la líder mujer

Diseño metodológico de la investigación

Realizamos un estudio descriptivo con diseño no experimental, transeccional y con enfoque mixto utilizando dos instrumentos de recolección de datos para el relevamiento de las variables y subvariables, a saber: para la etapa cualitativa, una entrevista semiestructurada, y para la etapa cuantitativa, una encuesta autoadministrada online anónima.

Esta investigación pretende generar mayor cantidad de información y analizar diversas aristas o ángulos sobre el fenómeno de la comunicación como herramienta de gestión de las líderes mujeres con sus equipos de trabajo en la República Argentina.

> 📖 *Esta investigación pretende generar mayor cantidad de información y analizar diversas aristas o ángulos sobre el fenómeno de la comunicación como herramienta de gestión de las líderes mujeres.*

La muestra de la población analizada fue seleccionada bajos ciertos parámetros; por ejemplo, en mi caso el marco muestral corresponde a ocho casos de diversos departamentos o áreas y a diferentes industrias del mundo organizacional. Tanto los nombres de las entrevistadas como sus resultados individuales son confidenciales como base de trabajo en el presente estudio.

El nivel educativo máximo alcanzado por las entrevistadas fue:

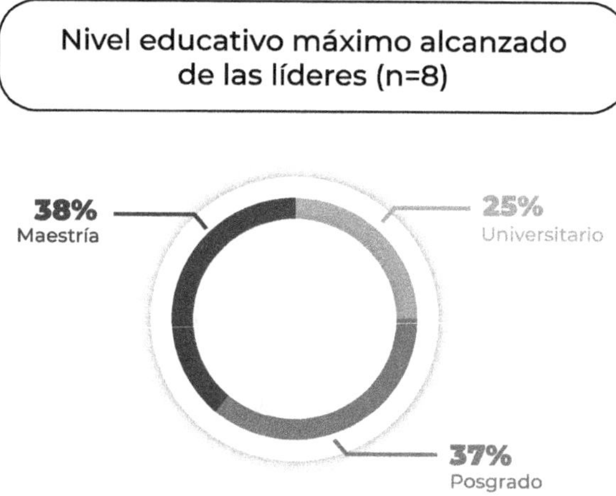

La investigación comenzaba con una etapa cualitativa conformada por una entrevista en profundidad a la líder mujer. Posteriormente a la reunión, las líderes fueron invitadas a completar una encuesta autoadministrada, la cual fue enviada por mail al día siguiente del encuentro mantenido, compuesta por aspectos sociodemográficos y dos dimensiones de análisis: comunicación y liderazgo.

Tanto la encuesta como las principales preguntas realizadas en la entrevista semiestructurada fueron agrupadas en dos dimensiones: 1. comunicación y 2. liderazgo, y cada una de estas con subvariables o subdimensiones. Ambas fueron disgregadas cada una en tres indicadores.

Apertura de la variable comunicación con sus subvariables e indicadores

VARIABLE COMUNICACIÓN	
SUBVARIABLES	**INDICADORES**
	Eficacia
	Clima de trabajo
	Estilos
Comunicación verbal	Confianza
	Escucha activa
	Escucha
Comunicación no verbal	Empatía
	Inteligencia emocional
	Coherencia

Apertura de la variable liderazgo con sus subvariables e indicadores

VARIABLE LIDERAZGO	
SUBVARIABLES	**INDICADORES**
	Insipiración
	Compromiso
	Impacto en resultados
Armado de equipos de alto rendimiento	Involucramiento
	Desempeño
	Diversidad
Motivación	Efectividad
	Retroalimentación
	Eficacia
Desarrollo de los talentos	Participación
	Delegación
	Aprendizaje

Cada uno de los indicadores se correlaciona con diversos reactivos de ambos instrumentos de recolección de datos, tanto en la entrevista en profundidad a las líderes, así como también a la encuesta a ellas mismas y a sus colaboradores directos.

Veamos el detalle en las siguientes tablas.

Detalle de indicadores y reactivos de la dimensión comunicación

COMUNICACIÓN	
INDICADORES	**REACTIVOS**
Eficacia	Tengo una comunicación eficaz con mi equipo de trabajo
Clima de trabajo	Genero un ambiente de colaboración, confianza y respeto
Estilos	¿Cómo definirías el estilo de comunicación que tienes como líder de tu equipo de trabajo? ¿En qué sentido? ¿Te sentís a gusto con tu estilo de comunicación?
Confianza	Confían en mi palabra
Escucha activa	Escucho efectivamente. Sé lo que mi equipo piensa.
Escucha activa	¿Qué cualidades le atribuirías a tu comunicación para con tu equipo de trabajo?
Estilos	¿Sentís que tu modo de comunicar habilita algún tipo de escucha especial de tus colaboradores?
Empatía	Tengo una comunicación empática
Inteligencia emocional	Gestiono mis emociones
Coherencia	Mi corporalidad está alineada a mis palabras
Inteligencia emocional	¿Qué emociones le atribuirías a tu comunicación para con tu equipo de trabajo?

La misma encuesta online fue completada por la líder y por sus reportes directos de forma anónima para detectar la brecha existente entre la autoimagen de las líderes con la encontrada en sus equipos de trabajo. Ambas encuestas fueron calificadas en diferentes aspectos utilizando la escala de Likert de 7 puntos, donde 1 es nada de acuerdo y 7 totalmente de acuerdo.

Analizando a los colaboradores directos de las líderes entrevistadas, el porcentaje según sexo fue el siguiente.

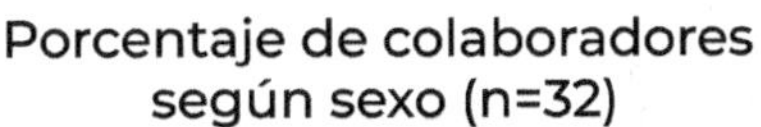

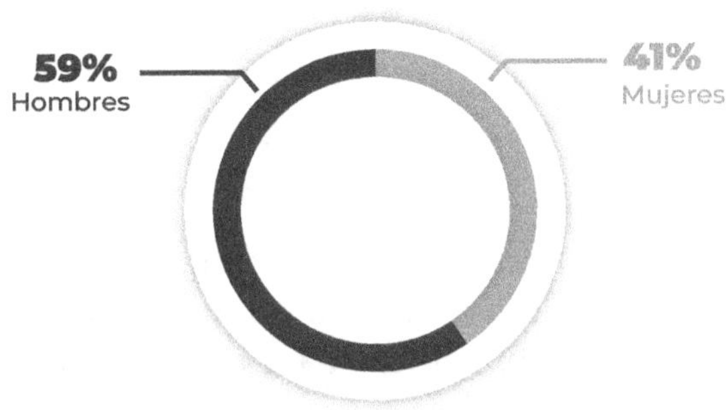

Mientras que con respecto a la edad de los colaboradores se encuentran distribuidos de la siguiente manera:

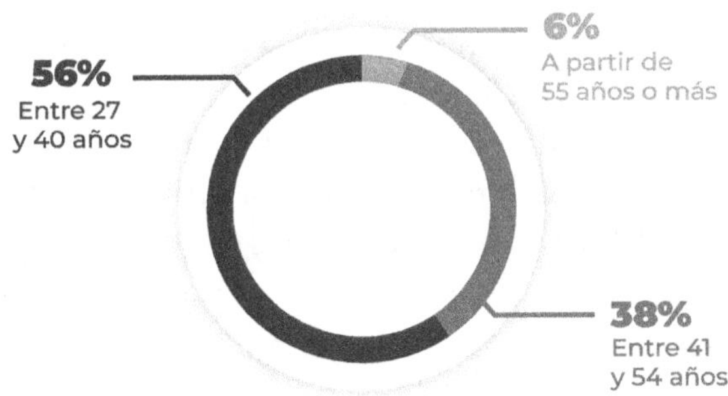

Por otro lado, 4 de cada 10 colaboradores argentinos entrevistados tenían una antigüedad de entre uno y tres años (44%), mientras que un cuarto del plantel (25%) trabajaba entre tres y cinco años y 22% contaban con una antigüedad mayor a cinco años.

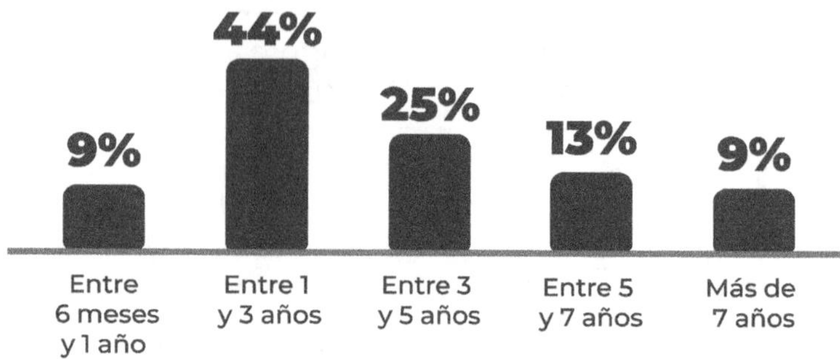

Ambas etapas, cualitativa y cuantitativa, fueron realizadas de manera concurrente para que los análisis de los datos de ninguna de ellas interfirieran en la construcción de la siguiente, así también los resultados de ambas etapas fueron analizados por separado.

La recolección de datos de la etapa cuantitativa, las encuestas tanto a las líderes como a sus colaboradores, fue analizada a través del coeficiente Alfa de Cronbach. En todos los casos el valor resultó mayor a 0,9, lo que permite ratificar la confiabilidad del instrumento de medición en ambas encuestas.

Cabe señalar que para la interpretación final de los datos del presente trabajo de investigación aplicamos una triangulación metodológica.

Esto significa que la interpretación de los resultados incluye una primera fase en la cual se analizan los datos de las etapas cuantitativa y cualitativa por separado, para luego realizar metainferencias que incluyen ambas etapas, enriqueciéndolas entre sí.

Resultados: autoimagen de las líderes mujeres

Como punto inicial se observa que las líderes presentan una muy buena autopercepción tanto en la dimensión comunicacional como en la de liderazgo, en la medida en que se atribuyen calificaciones con un promedio mayor a 5 en todos los aspectos evaluados.

Profundizando el análisis, las líderes se autoperciben fuertes en la dimensión liderazgo, específicamente en su capacidad de motivar al equipo (subdimensión motivación), mientras que su autoimagen se debilita en la dimensión comunicación, impactado por la subdimensión de comunicación no verbal.

> *Las líderes mujeres se autoperciben fuertes en la dimensión liderazgo, específicamente en su capacidad de motivar al equipo, mientras que su autoimagen se debilita en la dimensión comunicación, impactado por la subdimensión de comunicación no verbal.*

La autopercepción de las líderes cuenta con matices en el interior de cada dimensión y subdimensión. En efecto, dentro de la dimensión liderazgo, los aspectos mejor evaluados (con un promedio de 6,3) son los relacionados con cualidades de liderazgo y motivación y de armado de equipo: "Hago sentir a mi equipo PARTE de los desafíos", "Involucro a mi equipo en los proyectos", "Ayudo a cumplir los objetivos" y "Comparto la información relevante". Como contracara, la autopercepción sobre cualidades de liderazgo se debilita en tres aspectos: "Conformo equipos de trabajo de alto desempeño", "Pregunto diversos puntos de vista antes de tomar decisiones" y "Delego y confío. No asfixio" (con un puntaje de 5,4 y 5,5, inferior al promedio general).

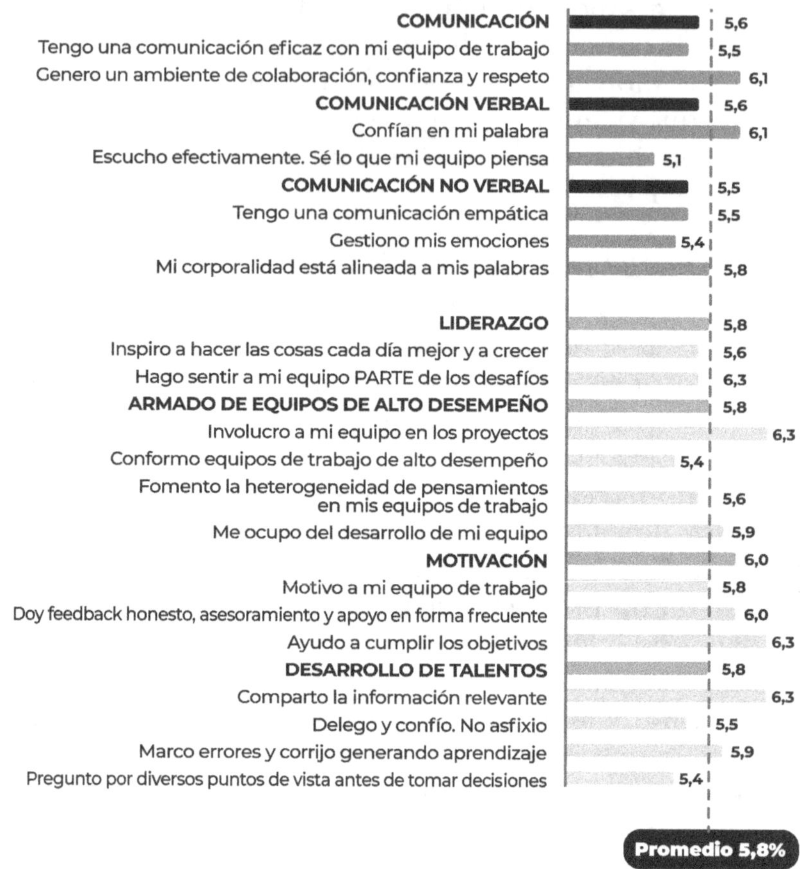

Autoimagen de líderes en aspectos comunicacionales y de liderazgo. Análisis por atributos. Promedio (Escala de 7 puntos)

Por su parte, dentro de la dimensión comunicación, y con un promedio de 6,1, las líderes perciben como cualidad propia la capacidad de generar un ambiente de colaboración, confianza y respeto, así como la confianza en su palabra. La mayor debilidad está asociada a la subdimensión de comunicación verbal, al obtener el menor puntaje (5,1) en "Escucho efectivamente. Sé lo que mi equipo piensa". Otro aspecto a trabajar es la gestión de las emociones, por tratarse de un atributo donde se autoperciben por debajo del promedio general.

Las emociones elegidas por las líderes para describir su comunicación con el equipo están en sintonía con los aspectos mejor evaluados: "motivación", "entusiasmo" y "compromiso".

Emociones espontáneas declaradas por las líderes para describir su comunicación con el equipo, detallando entre paréntesis la cantidad de menciones

A su vez, resaltan como cualidades propias la "claridad", "transparencia" y "honestidad".

Cualidades espontáneas declaradas por las líderes para describir su comunicación con el equipo, detallando entre paréntesis la cantidad de menciones

Percepción de los colaboradores sobre sus líderes

Como contracara, es interesante analizar el punto de vista de los colaboradores, cómo ellos ven a sus líderes, cuáles son sus fortalezas y cuáles son los aspectos a mejorar.

En general, al evaluar a sus líderes, los colaboradores también registran altos puntajes (promedio 6), encontrando puntos en común con la autoimagen que tienen las líderes.

Imagen de las líderes en aspectos comunicacionales y de liderazgo entre sus colaboradores. Análisis por atributos. Promedio (escala de 7 puntos).

En este sentido, los aspectos con mayor *gap* entre la autoimagen de los líderes y la imagen que tienen sus colaboradores están relacionados con la dimensión de comunicación y sus subdimensiones ("Escucho efectivamente", "Sé lo que mi equipo piensa" y "Mi corporalidad está alineada a mis palabras"), así como con la dimensión de liderazgo, específicamente en atributos de las subdimensiones de armado de equipos de alto desempeño y de desarrollo de talentos ("Inspiro a hacer las cosas cada día mejor y a crecer", "Conformo equipos de alto desempeño" y "Marco errores y corrijo generando aprendizaje").

Cabe destacar que en todos estos aspectos en los cuales hay una distancia entre la imagen de los colaboradores y sus líderes, estas diferencias son positivas; es decir, los colaboradores presentan mejor imagen de sus líderes que la que declaran sus propias líderes de sí mismas.

> *Los colaboradores presentan mejor imagen de sus líderes que la que declaran sus propias líderes de sí mismas.*

**Imagen comparativa entre líderes y colaboradores.
Análisis atributos con mayor *gap*.
Promedio (escala de 7 puntos).**

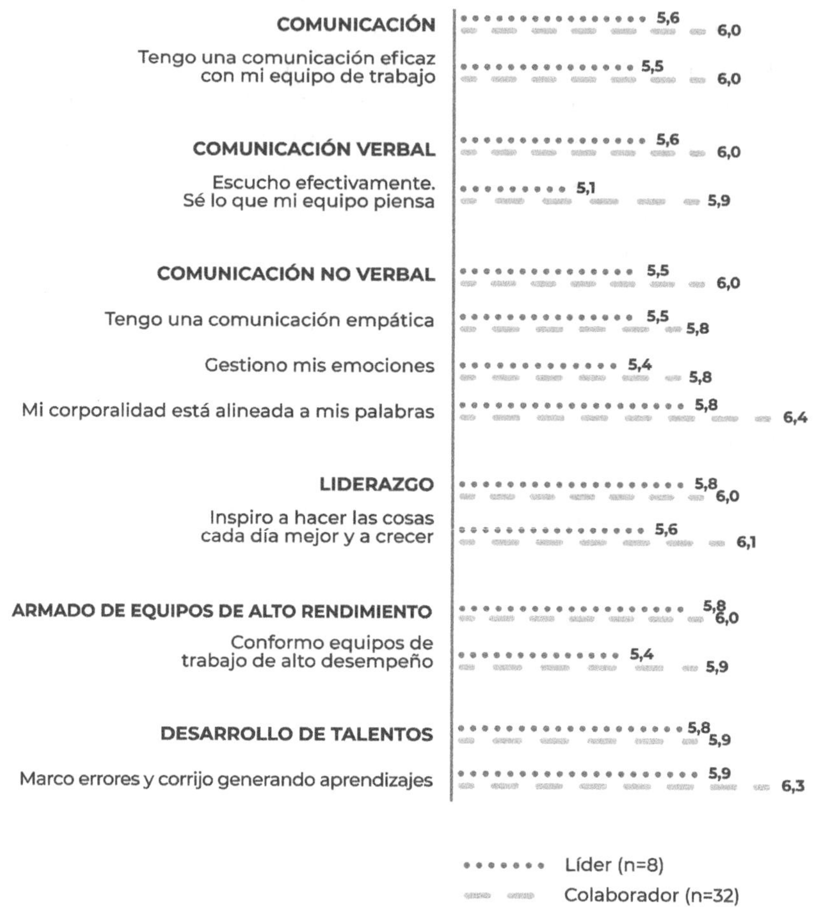

Asimismo, los colaboradores destacan de sus líderes como cualidad el "entusiasmo y empuje", "ser directo", "claro", "transparente" y "eficaz", remarcando algunos pocos colaboradores falencias como "desorganizada" e "impaciente".

Cualidades elegidas por los colaboradores para describir la comunicación de sus líderes. Porcentaje de menciones. Respuesta múltiple.

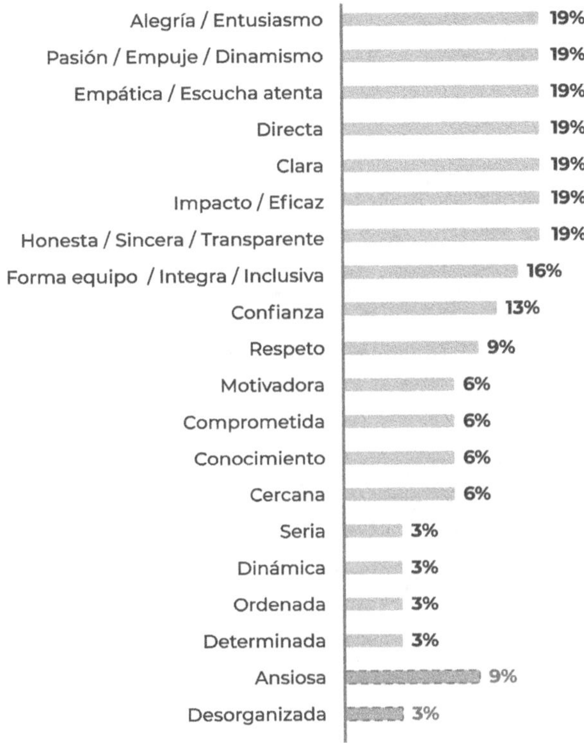

La diferencia de género en el ámbito laboral queda plasmada en la percepción sobre sus líderes según el colaborador sea mujer u hombre. Son los hombres quienes presentan mejor evaluación de su líder, denotando una mayor exigencia por parte de las mujeres hacia su líder del mismo género, especialmente y con una diferencia de casi un punto en aspectos asociados a la dimensión de comunicación ("Tiene una comunicación empática" y "Tiene una comunicación eficaz") así como de liderazgo ("Se ocupa de mi desarrollo" y "Pregunta por diversos puntos de vista antes de tomar decisiones").

Imagen comparativa de las líderes entre sus colaboradores mujeres vs. hombres.
Análisis de atributos con mayor gap.
Promedio (escala de 7 puntos).

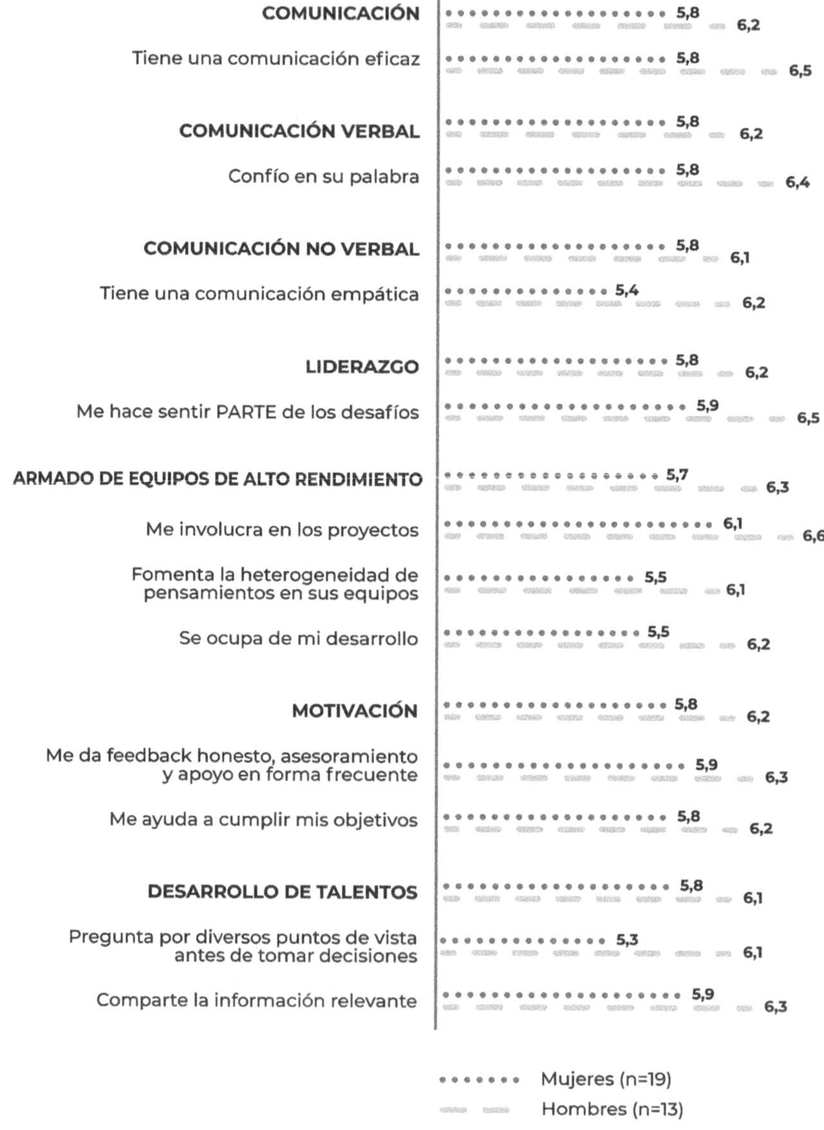

📖 *Son los hombres quienes presentan mejor evaluación de su líder, denotando una mayor exigencia por parte de las mujeres hacia su líder del mismo género.*

Otros aspectos donde el *gap* es considerable (0,7 puntos) y que son clave en la construcción de liderazgo son: "Fomentar la heterogeneidad de pensamientos en sus equipos de trabajo", "Me involucra en los proyectos" y "Me hace sentir parte de los desafíos". En todos estos aspectos, las mujeres resultan ser más críticas que los hombres al evaluar a su líder mujer. (Ver cuadro de la página anterior).

La antigüedad en una misma empresa impacta en la mirada que se tiene de los líderes. En efecto, los colaboradores con mayor antigüedad en la empresa presentan un *gap* positivo en sus evaluaciones hacia sus líderes en aspectos vinculados a las dos dimensiones, comunicación y liderazgo, específicamente a la subdimensión de armado de equipos de alto desempeño, así como de comunicación no verbal ("Tiene una comunicación empática").

📖 *Los colaboradores con mayor antigüedad en la empresa presentan un* gap *positivo en sus evaluaciones hacia sus líderes, frente aquellos de ingreso más reciente.*

Segmentación de las líderes mujeres

A partir del análisis detallado de cada entrevista y con el fin de generar una profundización de los datos investigados, hemos agrupado a las entrevistadas en dos *clusters*, así que, considerando las dos dimensiones de liderazgo y comunicación, podemos afirmar que las líderes argentinas se segmentan en función de los siguientes ejes:

Eje A: "Equipo en el centro" vs. "Egocéntrica"
Eje B: "Empática" vs. "Insensible"

Eje A: "Equipo en el centro" vs. "Egocéntricas"

Uno de los ejes que permite agrupar y diferenciar a las líderes argentinas es su estilo de comunicación en cuanto a la toma de decisiones; es decir, el lugar que cada una ocupa en su rol de líder comunicadora y el espacio que genera para que sus colaboradores den su punto de vista y se los considere en la toma de decisiones.

De esta manera, al analizar las entrevistas de cada líder, podemos decir que la mayoría de las líderes argentinas es "Equipo en el centro". Aunque con diferentes estilos en su comunicación, todas ellas han aprendido a adaptarse a las nuevas tendencias de liderazgo y a pasar de un liderazgo centrado en sus ideas con poco intercambio de opiniones, a un liderazgo compartido, donde el equipo es central y para tomar una decisión se consideran así todas las voces.

Algunos de los *verbatims* registrados por las líderes centradas en el equipo:

Las nuevas generaciones, los chicos de 20, 25 años y demás, requieren un contacto con quien es el líder muy superior. Y entonces eso me obliga a estar más cerca de qué les pasa, por qué les pasa, qué sienten, contarles muchas más cosas de los proyectos que antes tal vez uno no les contaba... Hoy por hoy, a todos los miembros del equipo les gusta saber el porqué de cada decisión que se tome. El equipo hoy se crea mucho más juntos, no está tanto eso de yo y mis colaboradores.

A mí me interesa mucho saber qué piensa el otro porque no necesariamente yo soy la dueña de la verdad. En un proyecto la decisión última es mía. Eso no hay ninguna duda. La decisión última es mía, pero trato de tomar esa decisión habiendo escuchado qué piensan todos porque siempre me pueden aportar puntos de vista diferentes.

La líder "Equipo en el centro", en palabras de sus colaboradores, tiene las siguientes características:

- *Se ocupa de generar cercanía con todos los integrantes del equipo, conocer la situación de cada uno, y dar feedback en forma permanente.*
- *Genera confianza, es empática, es directa, motivadora e inclusiva.*
- *Es directa, comunica claramente las ideas y explica con detalle el porqué de cada cosa, requiere que expongas tu visión de la misma cosa para tomar la mejor decisión. Acerca posturas, promueve la integración entre los diferentes miembros.*

Existe una brecha clara en contraposición con las palabras y emociones elegidas por los colaboradores de las líderes "Egocéntricas":

- *Seriedad.*
- *Alegría e ira según el momento. Te das cuenta perfectamente cuando algo de tu trabajo la pone feliz o cuando algo no le gusta o no se cumplieron sus expectativas.*
- *Firmeza.*
- *Intensidad - determinación - decidida - segura - confiada.*

Esta diferencia entre las palabras y las emociones que utilizan sus colaboradores para definir la comunicación de sus líderes se ve reflejada también en la evaluación cuantitativa. Tal como se observa en la siguiente tabla, los colaboradores de las líderes "Egocéntricas" evalúan a sus líderes con puntajes inferiores a los colaboradores de las líderes "Equipo en el centro".

📖 *Los colaboradores de las líderes "Egocéntricas" evalúan a sus líderes con puntajes inferiores a los colaboradores de las líderes "Equipo en el centro".*

	EQUIPO EN EL CENTRO	EGOCÉNTRICAS	GAP
COMUNICACIÓN	**6,2**	**5,3**	**-0,9**
Tengo una comunicación eficaz con mi equipo de trabajo	6,4	4,8	-1,7
Genero un ambiente de colaboración, confianza y respeto	6,2	5,3	-0,9
COMUNICACIÓN VERBAL	**6,2**	**5,5**	**-0,7**
Confían en mi palabra	6,3	5,5	-0,8
Escucho efectivamente. Sé lo que mi equipo piensa	6,1	5,5	-0,6
COMUNICACIÓN NO VERBAL	**6,1**	**5,4**	**-0,7**
Tengo una comunicación empática	6,1	5,1	-1,0
Gestiono mis emociones	5,8	5,3	-0,5
Mi corporalidad está alineada a mis palabras	6,4	5,9	-0,5
LIDERAZGO	**6,1**	**5,4**	**-0,7**
Inspiro a hacer las cosas cada día mejor y a crecer	5,9	5,6	-0,3
Hago sentir a mi equipo PARTE de los desafíos	6,4	5,8	-0,6
ARMADO DE EQUIPOS DE ALTO DESEMPEÑO	**6,1**	**5,3**	**-0,8**
Involucro a mi equipo en los proyectos	6,4	6,3	-0,2
Conformo equipos de trabajo de alto desempeño	6,1	4,9	-1,3
Fomento la heterogeneidad de pensamientos en mis equipos de trabajo	5,7	5,0	-0,7
Me ocupo del desarrollo de mi equipo	6,1	5,0	-1,1
MOTIVACIÓN	**6,1**	**5,5**	**-0,7**
Motivo a mi equipo de trabajo	6,1	5,3	-0,8
Doy feedback honesto, asesoramiento y apoyo en forma frecuente	6,3	5,6	-0,7
Ayudo a cumplir los objetivos	6,0	5,5	-0,5
DESARROLLO DE TALENTOS	**6,1**	**5,4**	**-0,7**
Comparto la información relevante	6,3	5,4	-0,9
Delego y confío. No asfixio	5,8	5,6	-0,2
Marco errores y corrijo generando aprendizaje	6,5	5,6	-0,8
Pregunto por diversos puntos de vista antes de tomar decisiones	5,8	5,1	-0,7
TOTAL	**6,1**	**5,4**	**-0,7**

Eje B: "Empáticas" vs. "Insensibles"

Otro aspecto que hemos analizado de la comunicación como herramienta de gestión del liderazgo que permite agrupar y diferenciar a las líderes argentinas es el eje de la sensibilidad: "Empáticas" vs. "Insensibles".

Relacionado con el eje anterior, las líderes empáticas tienden a generar espacios de comunicación o reuniones, enfocadas no solo en los resultados laborales sino también, con el objetivo de vincularse con sus colaboradores, de generar un ambiente de cercanía y, por lo tanto, de comodidad. Cuentan con matices y formas de vincularse diferentes, compartiendo un estilo de comunicación empático y generando un ambiente de trabajo abierto y de confianza.

Asimismo, aseguran que un estilo empático les permite crear un ambiente de comodidad, que alimenta la motivación y el compromiso. El trato sincero, honesto, pero a su vez informal y descontracturado, son formas de relacionarse que caracterizan a todas estas líderes. En sus palabras, las líderes empáticas se definen sí mismas como:

Mi comunicación tiene, por sobre todo, buenas formas. Mucha sinceridad, aun cuando no tenga respuestas. No es de ese estilo de charla estructurada que cada seis meses se hace una evaluación y salimos a comer y es formal. Te diría que es diaria y por todos los medios, es presencial, vía WhatsApp, vía video, vía mensaje, pero es constante, constante e inmediata. Se sienten muy cómodos, se sienten con confianza, se sienten desafiados. Me parece muy importante mantenerlos motivados, elegir qué decir, cuándo decirlo, cómo decirlo, creo que hago un trabajo muy fuerte en eso. Creo que lo podría resumir en la empatía. Tengo una gran capacidad empática. A ponerme en el lugar del otro, soy muy atenta, muy sensible.

Soy muy informal… Para mí la apertura del espacio es importante, o sea que surja el espacio por necesidad de conversar, de hablar, estar disponible para eso… no de encasillar "no, mirá, hoy no vamos a hablar, lo vamos a dejar para el viernes".

Hoy siento que la comunicación no la tengo tan estructurada, es también el contexto mismo me llevó a una open office, oficinas abiertas, entonces ahí yo estoy trabajando y viene cualquiera de los chicos y dice: "Oye, sabes lo que pasó con esto", y "Qué podemos hacer" o "Te enteraste de tal cosa…". Es mucho más cercana.

Al analizar las evaluaciones que realizan sus colaboradores, podemos ratificar que un liderazgo más empático genera mejores vínculos. En efecto, los colaboradores de las líderes empáticas las evalúan con puntajes altamente superiores a los colaboradores de las líderes insensibles.

📖 *Podemos ratificar que un liderazgo más empático genera mejores vínculos. En efecto, los colaboradores de las líderes empáticas las evalúan con puntajes altamente superiores a los colaboradores de las líderes insensibles.*

Imagen de las líderes, según segmentación Eje B, en aspectos comunicacionales y de liderazgo entre sus colaboradores. Análisis por segmentos. Promedio (escala de 7 puntos).

	EMPÁTICAS	INSENSIBLES	GAP
COMUNICACIÓN	**6,3**	**5,4**	**-0,9**
Tengo una comunicación eficaz con mi equipo de trabajo	6,1	5,8	-0,4
Genero un ambiente de colaboración, confianza y respeto	6,2	5,5	-0,7
COMUNICACIÓN VERBAL	**6,5**	**5,3**	**-1,2**
Confían en mi palabra	6,6	5,3	-1,3
Escucho efectivamente. Sé lo que mi equipo piensa	6,4	5,3	-1,1
COMUNICACIÓN NO VERBAL	**6,3**	**5,3**	**-1,1**
Tengo una comunicación empática	6,5	4,8	-1,7
Gestiono mis emociones	6,0	5,1	-0,8
Mi corporalidad está alineada a mis palabras	6,5	5,9	-0,6
LIDERAZGO	**6,3**	**5,3**	**-1,0**
Inspiro a hacer las cosas cada día mejor y a crecer	6,1	5,5	-0,5
Hago sentir a mi equipo PARTE de los desafíos	6,7	5,5	-1,2
ARMADO DE EQUIPOS DE ALTO DESEMPEÑO	**6,3**	**5,2**	**-1,0**
Involucro a mi equipo en los proyectos	6,7	5,8	-1,0
Conformo equipos de trabajo de alto desempeño	6,2	5,2	-0,9
Fomento la heterogeneidad de pensamientos en mis equipos de trabajo	5,8	5,1	-0,7
Me ocupo del desarrollo de mi equipo	6,4	4,9	-1,5
MOTIVACIÓN	**6,4**	**5,3**	**-1,1**
Motivo a mi equipo de trabajo	6,4	5,0	-1,5
Doy feedback honesto, asesoramiento y apoyo en forma frecuente	6,5	5,5	-1,0
Ayudo a cumplir los objetivos	6,1	5,5	-0,7
DESARROLLO DE TALENTOS	**6,3**	**5,3**	**-1,0**
Comparto la información relevante	6,4	5,6	-0,8
Delego y confío. No asfixio	6,4	4,8	-1,6
Marco errores y corrijo generando aprendizaje	6,4	6,0	-0,3
Pregunto por diversos puntos de vista antes de tomar decisiones	6,1	4,9	-1,2
TOTAL	**6,3**	**5,4**	**-0,9**

Conclusiones

Como cierre de nuestro *Mujeres & negocios*, realizamos un mapeo de los ocho casos analizados a partir del entrecruzamiento de los dos ejes de segmentación detallados; a saber: Eje A: "Equipo en el centro" o "Egocéntrica" y Eje B: "Empáticas" o "Insensibles".

Los resultados que podemos observar nos muestran que:

- El 75% de los casos se identifica con un modelo de gestión caracterizado por poner el Equipo en el centro.
- El 62% de los casos se destaca por una gestión empática.
- Mientras que el 50% de los casos se encuentra en el cuadrante en el cual confluyen los extremos más satisfactorios de cada uno de los ejes detallados, logrando así el nivel óptimo de su desarrollo de comunicación como herramienta de gestión de las líderes mujeres.

De los instrumentos de recolección de datos analizados podemos concluir describiendo a la comunicación, como herramienta de gestión de las líderes mujeres con sus equipos de trabajo en la República Argentina, como eficaz, que genera un buen clima de trabajo y que desarrolla tanto su comunicación verbal, generando confianza y escuchando activamente, como también su comunicación no verbal, siendo empática, gestionando su inteligencia emocional y demostrando coherencia.

Recordemos que las emociones elegidas por las líderes para describir su comunicación con el equipo están en sintonía con los aspectos mejor evaluados: "motivación", "entusiasmo" y "compromiso". A su vez, resaltan como cualidades propias la "claridad", la "transparencia" y la "honestidad".

En cuanto a la gestión de sus comunicaciones en función del desarrollo de un modelo de liderazgo enfocado en la motivación de sus equipos, podemos aseverar que promueven equipos de alto desempeño, inspiran la motivación, así como también el desarrollo de los talentos de sus colaboradores.

Las líderes se autoperciben fuertes en la dimensión liderazgo, específicamente en su capacidad de motivar al equipo; mientras que su autoimagen se debilita en la dimensión comunicación, impactada por la subdimensión de comunicación no verbal.

Asimismo, se encontró una conformidad entre las autoevaluaciones de las líderes mujeres y las calificaciones otorgadas por sus colaboradores directos. Sin embargo, cabe destacar que en todos estos aspectos en los que hay una distancia entre una y otra, estas diferencias son positivas; es decir, los colaboradores presentan mejor imagen de sus líderes que la que perciben sus propias líderes de sí mismas.

Podemos afirmar que corroboramos nuestra hipótesis de trabajo, por la cual sostenemos que las líderes mujeres en las organizaciones de la República Argentina tienen una gestión de sus comunicaciones enfocada en un liderazgo motivador e inspirador de equipos de alto desempeño.

> *Podemos afirmar que las líderes mujeres en las organizaciones de la República Argentina tienen una gestión de sus comunicaciones enfocada en un liderazgo motivador e inspirador de equipos de alto desempeño.*

La comunicación en el liderazgo está en transformación. Si antes era la voz el comandante en jefe, hoy el líder es parte del equipo, trabaja en conjunto con sus colaboradores buscando aportes y haciendo sinergia con sus ideas. Las personas son tenidas en cuenta y las decisiones se coconstruyen.

Este es el desafío más importante que tienen los líderes en la actualidad: cómo reaprender a gestionar, no ya basándose en lo aprendido por las experiencias pasadas, sino comprendiendo qué valores necesitan inspirar para lograr el compromiso y el mejor desempeño de sus equipos.

Pasamos de una comunicación vertical, formal y estructurada a una comunicación horizontal, espontánea, con más *brainstorming*, donde hay menos reglas y más espacio para las ideas. No es casual que las líderes empáticas, informales y "Equipo en el centro" son las que hoy reciben mejor evaluación de sus colaboradores. Se adaptan, son flexibles, espontáneas, naturales, abiertas y escuchan.

Esta transformación aún está en proceso y los colaboradores más jóvenes nos retan a desafíos constantes. La flexibilizacion del liderazgo y la comunicación necesitan continuar desarrollándose en pos de lograr mayor cercanía y reconocimiendo entre los equipos. Los jóvenes exigen un liderazgo empático, flexible, a demanda, requieren que los conocimientos y la información se compartan y que la comunicación sea de ida y vuelta, con un feedback constante en ambos sentidos.

Según un estudio de Michael Page (2019), la generación Centennials prefiere los beneficios emocionales y considera que la retribución meramente económica no es suficiente. Según la firma, uno de los puntos más importantes que consideran los jóvenes es la comunicación directa que puedan sostener con sus jefes.

En el mismo sentido, Gallup (2017), en su estudio sobre el sentir del empleado norteamericano, refuerza la relevancia: "Si los empleados no tienen grandes gerentes, si no saben lo que se espera de ellos o si no están en roles que coincidan con sus talentos, entonces la lista más larga posible de beneficios no será una panacea".

Como podemos observar en el presente trabajo, el colaborador valora y reconoce cuando es liderado por una persona que gestiona eficazmente su comunicación haciéndolo sentir parte, de un modo colaborativo, escuchándolo e involucrándolo en sus desafíos. La comunicación es esencial para un liderazgo motivador.

> 📖 *El colaborador valora y reconoce cuando es liderado por una persona que gestiona eficazmente su comunicación haciéndolo sentir parte, de un modo colaborativo, escuchándolo e involucrándolo en sus desafíos. La comunicación es esencial para un liderazgo motivador.*

Y justamente es aquí donde encontramos uno de los puntos más destacables del liderazgo transformacional: la motivación que inspira en sus equipos de trabajo. Como nos resaltan Choudhary, Akhtar & Zaheer (2013), los líderes transformacionales utilizan sus energías y la comunicación para atraer a los colaboradores hacia sus objetivos. Dicho en otras palabras: los motivan para el logro de las metas organizacionales.

Medina-Vicent (2014) resalta que la líder mujer se presenta mucho más abierta a la escucha de diversas opiniones. Su estilo horizontal de comunicación y su inclinación a participar a los miembros de su equipo en las discusiones y toma de decisiones la lleva a ser vista como una fuente de inspiración y motivación por parte de quienes están a su cargo. Estas características se ven reflejadas en el sentir de los colaboradores encuestados en el presente trabajo. Ellos mismos destacan que sus líderes los "Inspiran a hacer las cosas cada día mejor y a crecer" y "Conforman equipos de trabajo de alto desempeño".

La comunicación como elemento de gestión juega un rol central cuando se intenta caracterizar un estilo de la líder mujer con sus equipos de trabajo. La motivación, la empatía, la inclusión, la confianza, el desarrollo de talentos y el feedback que impulsa a mejorar los desempeños son todos elementos que abonan a un liderazgo motivador y transformacional.

Este es el estilo de liderazgo que los negocios de hoy requieren, los cambios y la incertidumbre se gestionan exitosamente con equipos de colaboradores comprometidos y dispuestos a dar más de lo necesario para enfrentar con éxito las situaciones imprevistas que se presentan.

> *Los cambios y la incertidumbre se gestionan exitosamente con equipos de colaboradores comprometidos y dispuestos a dar más de lo necesario para enfrentar con éxito las situaciones imprevistas que se presentan.*

Aquellos que creen que repitiendo recetas exitosas del pasado lograrán los resultados de esos tiempos no comprenden la complejidad en la cual hoy estamos inmersos.

No es cuestión de elección, sino de tener la humildad de reconocer que es el momento de generar un cambio, de revisar políticas y decisiones que nos llevan a que en la actualidad solo 3 de cada 10 posiciones directivas en nuestro país son ocupadas por líderes mujeres, y que el ingreso mensual de una mujer es 27% menor que el ingreso mensual que recibe un hombre en la misma posición (INDEC y CIPPEC, 2017).

Por lo general lo pedimos, pero simultáneamente tememos el cambio. Nos quejamos de nuestra realidad pero a la hora de poner manos a la obra muchos sentimos que salir del terreno conocido es altamente incómodo. Si lo lleváramos a un extremo, parecería que el pedido central sería que cambien los otros, y sin embargo sabemos que solo nosotros y nuestras decisiones es lo que podemos cambiar. Las mujeres debemos asumir nuestra parte de responsabilidad y animarnos a cambiar nuestras acciones en pos de incrementar nuestra presencia en el liderazgo de las organizaciones.

> *Las mujeres debemos asumir nuestra parte de responsabilidad y animarnos a cambiar nuestras acciones en pos de incrementar nuestra presencia en el liderazgo de las organizaciones.*

Humberto Maturana (2008) nos enseña que vivimos en un presente continuo cambiante, en un mundo al que modificamos y nos modifica segundo a segundo. Cada uno, en última instancia, elige la vida que quiere vivir, que siempre hay otra opción que finalmente desecha. La responsabilidad siempre es nuestra. La libertad de elegir es lo que define nuestra vida y el logro de nuestros objetivos.

Ante esto nos quedan dos opciones: la parálisis que el temor nos provoca o el deseo y las ganas de estar mejor y comenzar a andar caminos nuevos y desconocidos. Podemos compartir que lo desconocido es incómodo, pero no por eso es menos desafiante y sorprendente. El tema es animarnos y comenzar. Nunca vamos a llegar a lo que deseamos sin un poco de valentía y audacia. Seguramente si lo pensásemos así, el cambio luciría menos amenazante y más atractivo para todos.

Mujeres & negocios busca sumar elementos de discusión y fundamentos en pos de generar conciencia en aquellos que tienen poder de decisión para generar cambios en las organizaciones, así como también en generar valor al sentir de las mujeres para desarrollar su autopercepción, reconociendo sus fortalezas para aportar a los negocios, y de este modo lograr un cambio de su presencia en las organizaciones.

Necesitamos tomar mayor conciencia de la importancia de la persona como eje central en las empresas, abandonando el clásico esquema piramidal centralizado en la autoridad de los jefes, e ir por un sistema de decisiones compartidas basado en el involucramiento y compromiso de los empleados. Esto es posible si logramos comunicarnos y acercarnos a cada integrante de nuestros equipos, conociéndolo, escuchándolo, motivándolo, empoderándolo, compartiendo información, para lograr sumar el mejor aporte de cada uno. Una comunicación empática, que escucha, que involucra, que indaga, que enseña con el ejemplo es el camino para lograrlo. Y las líderes mujeres tenemos mucho para aportar en este cambio.

Esperemos que la evolución cultural, de la que somos parte, acelere su ritmo hacia un mundo caracterizado por la equidad y la inclusión, escuchando el sentir de nuestros colaboradores, comprendiendo la complejidad de los cambios, experimentando la valentía, no atándose a soluciones conocidas y haciéndose cargo de las decisiones diferentes que se necesitan para liderar exitosamente los desafíos que los negocios de hoy requieren.

Contamos con un punto a favor, las nuevas generaciones abonan estos valores y seguramente acelerarán la evolución en este sentido.

Tomemos conciencia de que tanto hombres como mujeres debemos gestionar juntos para alcanzar estos valores de equidad e inclusión; es un trabajo de equipo, respetando nuestras diferencias y haciendo sinergia con ellas.

De esto dependerá la calidad de nuestro propio vivir, el camino que dejemos a nuestras futuras generaciones, la sustentabilidad de los negocios que gestionamos y el mundo humanamente inclusivo que pregonamos.

Depende de todos. ¡Hagámonos cargo!

Parte II

Testimonios vivenciales
de líderes mujeres

En esta parte entrevisté a líderes mujeres ejecutivas de diversas áreas e industrias buscando representar un amplio abanico de testimonios dentro del mundo organizacional, las cuales aportan sus reflexiones a través de sus experiencias de vida.

A partir de sus respuestas busco mostrar diversas miradas, valores, estrategias, decisiones y todo aquello que nos hace personas… que nos hace humanas. Porque tengamos presente que antes que profesionales somos mujeres que buscamos, cada una a su modo y con sus estrategias, desarrollarnos en un mundo mayoritariamente masculino, y para lograrlo recurrimos a diversas herramientas basadas en nuestras culturas, creencias y paradigmas. Conocer las diferentes miradas nos enriquece y apunta a desarrollar nuestra humildad sobre nuestros puntos de vista.

He invitado a participar, y aprovecho para agradecerles nuevamente su predisposición, a:

- Valeria Abadi | Gerenta Corporativa de Comunicación Institucional en Grupo Arcor Global.
- Constanza Bertorello | CEO en Diageo Argentina, Uruguay y Paraguay.
- Silvia Bulla | Presidenta & HR Directora en DuPont.
- Patricia dos Santos | CEO en Jobs Paraguay.
- Rosana Felice | Directora de Medical Affairs and Research and Development, Argentina, Southern Cone LatAm en GSK GlaxoSmithKline.
- Carolina García Zúñiga | Socia de PriceWaterhouse Argentina.
- Verónica Marcelo | Gerenta General en Natura Argentina.

- Olivia Olmedo Herrera | Chief Experience Officer en OLX Autos, México.
- Teresa Piraino | Gerenta de Complaince Risk & Fraud Banco Galicia.
- Silvina Rodríguez Pícaro | CEO SRP Interactive, Miami, EE.UU.
- Carolina Sabbha | COO Havas Media.
- Paula Santilli | CEO en Pepsico Latin America.
- Cecilia Schmidt | Head of Supply Chain Cono Sur Bayer.
- Candela Torrado | Directora de Recursos Humanos BSC & TECH LAS, Cervecería y Maltería Quilmes.
- Teresa Torralva | Directora INECO, Instituto Neurología Cognitiva.
- Karen Vizental | VP Corporate Affairs and Sustainable Business for LatAm and SoCo en Unilever.

Unas palabras especiales para compartirles qué me llevó a entrevistar a Teresa Torralva: porque me parece clave que podamos seguir aprendiendo sobre cómo nuestro cerebro impacta en nuestras habilidades de gestión, comunicación, toma de decisiones, flexibilidad y empatía. Creo que realmente el reaprendizaje y el conocimiento de los últimos descubrimientos sobre el impacto de las neurociencias en las personas nos ayuda a entendernos más y, como consecuencia, a ser más efectivas en nuestra gestión. Como siempre defiendo, la actualización de nuestros conocimientos es una responsabilidad ineludible de un profesional.

Espero que las lecturas de las diversas historias de vida de estas mujeres destacadas que generosamente se sumaron a nuestra propuesta, nos inspiren en nuestro camino de empoderamiento femenino pues, si bien hemos avanzado, queda aún mucho por recorrer.

Testimonio 1

Valeria Abadi

Gerenta corporativa de Comunicación Institucional y Servicios de Marketing del Grupo Arcor, teniendo bajo su responsabilidad la gestión a nivel global de la comunicación corporativa –interna y externa– y las áreas de medios y licencias, publicidad, redes sociales, diseño e investigación de mercado. Actualmente ejerce como presidenta del Círculo Dircoms, organización civil que agrupa a los directores de comunicación de las principales empresas de la Argentina.

Es licenciada en Psicología de la Universidad de Belgrano y estudió periodismo en TEA. En paralelo con su desarrollo profesional, realizó un posgrado en Recursos Humanos en IDEA y una maestría en Gestión de las Comunicaciones en las Organizaciones (Universidad Austral) y cursos de especialización en Harvard University, Northwestern University y California University. Es docente de Maestrías en Marketing y Comunicación de la Universidad de las Américas (Ecuador) y de la Universidad de San Andrés (Argentina). Fue presidenta del Consejo Publicitario Argentino desde 2016 a 2018 y actualmente es miembro de su Comisión Directiva.

En 2020 fue distinguida como una de las 17 Women to Watch de Argentina, reconocimiento otorgado por la revista de Adlatina. En 2019 y en 2020 recibió el premio Jerry Goldemberg a la Excelencia en Comunicación en la categoría Profesional de Relaciones Públicas, y en 2016 el premio a la Profesional de Relaciones Públicas del Año otorgado por el Consejo Profesional de Relaciones Públicas y a la Profesional Marketing de Empresa de Alimentos otorgado por AMDIA.

Comenzó su carrera profesional hace 22 años en Edenor. Luego asumió la gerencia de Recursos Humanos y Comunicación de Électricité de France para América (USA, Brasil, México y Argentina). Desde hace 14 años trabaja en Arcor, donde asumió diferentes responsabilidades.

Gracias Valeria por tu tiempo. ¿Qué te gustaría contarnos de ti?

Mi nombre es Valeria Abadi, tengo 45 años, soy madre de Victoria y Lucía de 15 y 12 años, respectivamente. Soy licenciada en Psicología de la Universidad de Belgrano, estudié periodismo en TEA. Desde que comencé a trabajar siempre me gustó seguir formándome, es por eso que realicé un posgrado en Recursos Humanos en IDEA y una maestría en Gestión de las Comunicaciones en las Organizaciones (Universidad Austral) y cursos de especialización en Marketing, Branding y Consumer Insights en Harvard University y Northwestern University.

Desde 2005 trabajo en el Grupo Arcor y actualmente soy gerenta corporativa de Comunicación Institucional y Servicios de Marketing, teniendo bajo mi responsabilidad la gestión a nivel global de la comunicación corporativa –interna y externa– y de las áreas de medios y licencias, publicidad, redes sociales, diseño e investigación de mercado.

Actualmente soy presidenta del Círculo Dircoms, organización civil que agrupa a los directores de comunicación de las principales empresas de la Argentina y soy profesora de Maestrías en Marketing y Comunicación en la Universidad de las Américas (Ecuador) y en la Universidad de San Andrés (Argentina).

En Arcor lidero un equipo de 15 personas que forman, a su vez, subequipos por especialidad: gerencia de comunicación institucional, gerencia de investigación de mercado, gerencia de medios y licencias, jefatura de comunicación publicitaria y jefatura de diseño. Nuestra área trabaja en forma directa con todos los negocios de la compañía y en diferentes países. Hay más mujeres que varones en el equipo, tanto en posiciones de liderazgo como de analistas; y los perfiles son diversos, desde la formación hasta la experiencia previa.

En el Círculo Dircoms, desde que asumí en mayo de 2020, conformamos una Comisión Directiva con profesionales altamente calificados, 50% de mujeres y 50% de varones.

Sin dudas, primero soy madre y después soy profesional. Ser madre y profesional en algunos momentos es difícil, pero las piezas al final se van acomodando. Miro para atrás y me alegro de las decisiones tomadas,

¿Consideras que las mujeres tenemos las mismas oportunidades que los hombres en el desarrollo profesional de nuestras carreras profesionales?

Hay dos maneras de analizar la situación de la mujer en el ámbito profesional. Si vemos la evolución en el tiempo, sin dudas, hoy hay más mujeres en posiciones de liderazgo en empresas, organizaciones y en la función pública que en décadas pasadas.

Si pensamos en igualdad de oportunidades, creo que aún estamos lejos. Afortunadamente, el tema de diversidad y equidad de género se tornó parte de una agenda ineludible. Esto hace que, por convicción o coerción, las organizaciones estén abordando la temática.

Bajo tu mirada, ¿las mujeres podemos hacer algo diferente para promover una mayor equidad en las organizaciones?

Claro que sí. Por un lado debemos visibilizar continuamente, desde el rol de cada una, las cuestiones de género para que sigan estando en la agenda. Muchas veces la coyuntura hace que temas de fondo como este no se sostengan. Y por otro lado, tenemos la enorme responsabilidad de ser referentes, acompañar y mentorear a las mujeres que están en los inicios de sus carreras.

¿Cuáles estimas que son tus mayores desafíos hoy en tu posición?

El mayor desafío desde mi posición es contribuir a sostener la imagen y la reputación que Arcor logró alcanzar en todos los stakeholders, comenzando por el público interno, y como líder formar un equipo comprometido y que siga soñando con hacer grandes cosas.

¿Cómo percibes tu evolución personal con relación al vínculo con tus colaboradores? ¿Fue cambiando a lo largo del tiempo y con la experiencia?

En estos 15 años en Arcor fui cambiando de posiciones y por ende de equipos. Hay algunos colaboradores que hace diez años que trabajan conmigo y otros hace menos de un año. A medida que mi equipo fue creciendo, esto hizo que la cotidianeidad y cercanía fueran diferentes. Hace un tiempo logré una organización que funciona muy bien, con reuniones semanales con cada reporte y sus equipos, y una reunión semanal con todos juntos. Esta última es más una instancia de vinculación para generar confianza, casi una charla sin agenda pero que sirve muchas veces para que cada uno exprese sus dudas, consultas, inquietudes sobre el trabajo, la empresa o el contexto. Este año, con la pandemia, estas reuniones fueron también de contención, acompañamiento y en algunos casos de catarsis.

Mi estilo de liderazgo es cercano, participativo y abierto. Como cada subequipo es especialista en un tema, yo escucho, aprendo y tomo muy en cuenta sus opiniones y puntos de vista. Mi equipo me nutre.

¿Sientes que tu modo de comunicar te habilita algún tipo de escucha especial de tus colaboradores?

Hace un tiempo que escucho más que lo que hablo, dejo que haya silencios, no tengo una agenda tan estricta en las reuniones y eso facilita una conversación más genuina. No todos mis contactos con mi equipo son así, pero encuentro un gran valor en tener, al menos al inicio de las reuniones, charlas más espontáneas. Otro punto es equilibrar reuniones uno a uno con reuniones grupales. Son espacios complementarios y en cada uno surgen dinámicas diferentes.

¿Cómo piensas que será en los próximos años? ¿Hacia dónde va a evolucionar?

Sin dudas los medios digitales están atravesando y reconfigurando nuestra vida y nuestros vínculos. Si bien no creo que reemplacen al cien por ciento la relación presencial, este 2020 nos está demostrando que podemos estar muy cerca, muy involucrados con nuestros equipos a pesar de la distancia física.

Otro cambio que veo es la organización del trabajo. Las estructuras serán cada vez más ágiles, menos organigramas rígidos y más *squads* (equipos multidisciplinarios) por proyecto. Y siempre me pregunto por cuánto tiempo más seguirá el contrato laboral "en relación de dependencia" que existe hoy.

¿Qué líder mujer te resulta admirable focalizando principalmente en su forma de comunicación y/o liderazgo?

Michelle Obama, por su inteligencia, coraje y su forma de comunicar. Admiro su capacidad de conectar con personas de idiosincrasias diferentes e inspirar. Sus mensajes son muy potentes.

En la Argentina, me gusta mucho Isela Costantini. Tiene un estilo de comunicación muy franco, sincero, y valoro que haya hablado de sus éxitos y de sus dificultades en su carrera. Leí artículos cuando se fue de Aerolíneas, donde contó su dolor y que no fue suya la decisión de irse de la empresa. Hay pocas personas que se atreven a contar sus fracasos y eso también es inspirador. Demuestra que el camino no siempre es lineal ni fácil.

Pensando en una persona que va a ser líder de un equipo, ¿qué alertas le darías con relación a la comunicación con sus colaboradores; qué no hacer en la comunicación?

Primero, no dar nada por sobrentendido, escuchar, preguntar y observar.

En el mismo caso: ¿qué sí le recomendarías que tenga presente en su forma de comunicar como líder mujer? ¿Podemos hablar de un liderazgo femenino diferencial?

Acordar algunas reglas básicas de "convivencia", así todos se mueven en un terreno predecible, y conocer, hasta donde el otro nos permita, la vida personal de los miembros del equipo. Creo que la clave es no tratar a todos por igual, porque no todos somos iguales ni necesitamos lo mismo.

No estoy tan segura de si existe un liderazgo femenino. Me cuesta encontrar un patrón que se repita claramente.

¿Cómo crees que influye tu comunicación como líder en la motivación de tus colaboradores?

Creo que reconociendo sus logros, dándoles feedback en forma regular y visibilizando su trabajo.

¿Crees que la buena comunicación colabora con el compromiso de tus colaboradores? ¿En qué medida? ¿Por qué?

El compromiso de cada uno en el trabajo se da cuando uno entiende el impacto que genera su trabajo en algo más grande: el propósito de la compañía. Cuando uno entiende "para qué" hace lo que hace se da la magia del compromiso. Si uno no ve ese link es muy difícil que haya compromiso. En este sentido, la comunicación es una herramienta clave para dar a conocer cómo cada uno contribuye a una causa mayor.

¿Y en qué medida la comunicación en un grupo ya comprometido facilita el alcance de los resultados de trabajo?

Sin dudas es fundamental. Sin comunicación no hay coordinación, no hay propósito, no hay posibilidad de construir futuro. La comunicación es lo que amalgama, lo que permite que seamos una sociedad organizada, que podamos pensar, imaginar lo que no existe.

La buena comunicación es sinónimo de conversación, en la que todos son protagonistas, y cada uno es escuchado y valorado; es como un compromiso de cuerpo entero, es estar ahí. Si a uno lo tratan como una máquina, terminas creyendo que eres una máquina y respondes como tal. Si el entorno te humaniza, vas a contribuir desde ese lugar.

¿Qué mensaje final te gustaría dejarles a los lectores de tu testimonio?

Ser líder es una gran responsabilidad, un camino apasionante de aprendizaje constante. Ser líder es una construcción, una evolución permanente y está muy atravesada por nuestra historia, nuestros jefes anteriores, nuestras experiencias.

Quiero agradecerles a todos los jefes que tuve en mi carrera y a todos los equipos que tuve a cargo. Yo aprendí de todos y espero que ellos piensen lo mismo de mí.

Constanza Bertorello

Constanza es CEO en Pernod Ricard Argentina, Uruguay y Paraguay, que incluye los mercados de frontera de los tres países.

Tiene 28 años de carrera en posiciones de dirección y regionales en Recursos Humanos, Comunicaciones Corporativas y Responsabilidad Social Empresaria, la mayor parte de ellas en empresas de consumo masivo como Molinos Río de la Plata, Mars Incorporated y Reckitt Benckiser.

En 2009 ingresó a Pernod Ricard como directora de Recursos Humanos, Comunicaciones Corporativas y RSE para Latinoamérica Sur, y en julio de 2019 fue la primera mujer latinoamericana promovida a la posición de CEO en el grupo.

Cuenta con un máster en Economía y Ciencias Políticas del ESEADE (1998), es licenciada en Recursos Humanos de la Universidad del Salvador (1996), y profesora de Letras egresada de la Universidad Católica Argentina (1991).

Gracias Constanza por tu tiempo. ¿Qué te gustaría contarnos acerca de tu rol en la empresa en la que hoy te desarrollas?

Van a ser en enero 12 años desde que ingresé a Pernod Ricard Argentina y desde julio de 2019 asumí como CEO para Argentina, Uruguay y Paraguay. Tengo toda mi carrera en Recursos Humanos, Comunicaciones Corporativas y Responsabilidad Social Empresaria. Así que soy, como dicen los brasileños, una "mosca blanca" en el mundo de los CEOs. La verdad es que es poco usual que alguien que venga de Recursos Humanos tenga esta oportunidad de ser CEO.

Empecé trabajando en Recursos Humanos en Pernod Ricard a cargo de una región, en los últimos seis años hubo muchos cambios a nivel grupo y regiones, y en 2017 me promovieron como directora de Recursos Humanos de Southern Latam.

Yo concibo los Recursos Humanos desde un rol estratégico en el negocio, entendiendo cuáles son las implicancias del área desde la mirada del negocio y de la organización.

Siempre me involucré en el negocio y participé en proyectos que no eran de Recursos Humanos. Por ejemplo, con una colega de Pernod Ricard diseñamos un plan para traer Lillet, un aperitivo artesanal francés, a la Argentina. Lo presentamos al Brand Owner en Francia y no solamente nos aprobaron el proyecto sino que invirtieron dinero en nuestro proyecto.

Creo que fue mi participación en proyectos de negocio y mi estilo de liderazgo lo que me abrió la posibilidad de que pensaran en que podía ocupar este rol que ocupo actualmente. Pero en ese tiempo yo miraba alrededor y no había ni una mujer sudamericana y ni de Recursos Humanos como CEO. ¿Por qué me iban a promover a mí?

Y cuando pasó dije: "Ah, es real, esto me está pasando"; la verdad es que fue increíble, estoy muy feliz. Me di cuenta de que me encantaba lo que hacía en mi rol funcional de Recursos Humanos, pero sentía como que era más de lo mismo, y ahora, por la relevancia que tiene el paso que di, estoy aprendiendo un montón de temas, estoy saliendo de mi zona de confort. Siento que a mis 53 años renací profesionalmente.

Ojalá que me vaya bien, y si me va mal no importa porque estoy aprendiendo tanto y es tan bueno todo lo que estoy viviendo que estoy muy agradecida a Pernod Ricard porque es una empresa que siempre me dio la posibilidad de trascender mi rol.

Aún estando en Recursos Humanos hice de todo, siempre me han dado la confianza para que así fuera.

Estamos enfrentando un año muy particular, somos un equipo de dirección nuevo que tenemos como objetivo transformar el modelo de negocio actual a uno mucho más flexible, que nos permita crecer en los mercados emergentes en los que estamos, pero no sufrir tanto por los vaivenes del contexto local.

Con ese desafío empezamos nuestro trabajo, afortunadamente la pandemia nos encontró ya con las bases sentadas de nuestro proceso de transformación. Obviamente, no esperábamos una pandemia; si bien escuchábamos todo lo que pasaba con nuestros negocios en Europa, no imaginábamos que iba a pasar lo mismo acá y tampoco que íbamos a estar ocho meses en cuarentena.

Esta crisis nos sirvió para seguir afianzándonos como equipo, y todavía sigue siendo un desafío enorme, tanto para mí como para cualquier líder. En mi caso, al ser nueva en el rol, es un desafío aún mayor, porque hay que tener un muy buen balance entre cuidar a tus empleados, preservar su salud, ser empático con la situación de cada uno, porque nuestros equipos están trabajando desde su casa desde marzo de 2020.

En lo particular, la cuarentena me encontró con dos hijos universitarios pero si hubiese tenido chicos en el primario, cuando tenés que conectarte y trabajar al mismo tiempo con ellos que tienen que cursar sus clases online, hubiera sido otra mi situación.

Uno de golpe se encuentra con lo bueno y lo malo de estar todos trabajando desde casa. Pero empezar a entender las particularidades de cada uno en su lugar y en su circunstancia a veces puede ser estresante, comenzar a ver cosas y a vivir, desde la óptica del liderazgo, situaciones que no estabas habituada a ver cuando íbamos todos a la oficina.

Por un lado, te encuentras con el reto de manejar a la gente en ese contexto complejo, el país también en crisis de varios años, mantener el negocio activo y operativo con la meta de pasar y superar la crisis.

Creo que lo maravilloso de eso es que pusimos a prueba el equipo. Nosotros ya sentíamos esa sensación de que estábamos trabajando muy bien juntos, con mucha confianza, colaboración y transparencia. Y de golpe, empezamos a trabajar remoto, a no vernos las caras todos los días, y por suerte hasta ahora no hemos tenido ni un ruido. Eso fue fantástico, la cohesión, el alineamiento estratégico.

Implementamos una agenda de comunicación con nuestros colaboradores mucho más frecuente que la que teníamos, en donde nos propusimos comunicar todos los números del negocio. El objetivo es ayudar a nuestros colaboradores a entender cuál es su contribución al negocio, dónde pueden hacer la diferencia, mantenerlos informados a medida de lo que iba pasando y las decisiones que íbamos tomando en un momento en el que estábamos todos remoto, menos las plantas.

Así que, dentro de lo difícil, desafiante y agotador de la situación, porque absorbe mucha energía, pudimos atravesar todos esos meses bien, manteniendo el negocio a flote, ganando en algunas categorías, aprovechando la flexibilidad que fuimos implementando con esta nueva modalidad de trabajo, que en definitiva es ser una empresa más horizontal y colaborativa.

Todos tenemos el mismo objetivo como equipo de dirección y nos embarcarnos en la transformación de este modelo de negocio y aprovechamos para trabajar con procesos más simples. Esto es algo en que la pandemia nos ayudó, y creo que les pasó lo mismo a muchas empresas.

Ahora el desafío es cómo mantenemos esto y no volvemos a los procesos de antes, porque creo que ganamos una agilidad enorme. Todos los lunes tenemos una reunión de una hora y media al principio del día para plantear los problemas de la semana y pautamos los trabajos, cambiando la dinámica anterior que implicaba esperar a las reuniones de directorio. El desafío, para todos y para nosotros los CEOs, en este momento que estamos viviendo es ver esta oportunidad histórica para repensar el negocio de cero, porque ya el factor exógeno, que fue la pandemia, desarmó todos los supuestos o al menos los replanteó.

¿Y cuándo tuviste esa oportunidad de decir: "Esto lo vamos a dejar de hacer así y lo vamos a hacer de este modo" sin afectar a un montón de intereses?

Ahora fuimos forzados a eso, y la verdad es que como líderes de una organización si no aprovechamos esta oportunidad para acelerar los objetivos que haya que acelerar, cambiar la dinámica de trabajo y realmente agregarle valor, estaríamos perdiendo el tiempo.

Miro esta pandemia como un momento que tiene cosas muy feas desde el punto de vista humano, familiar, desde la incertidumbre, cómo manejar el tema de la depresión y la angustia que está afectando a tanta gente. Desde el rol de liderazgo, antes tal vez teníamos en las organizaciones algún caso aislado pero no era una preocupación general, hoy forma parte de nuestra realidad corporativa y lo tenemos que tener en agenda.

Por otro lado, tiene lo interesante de ser la oportunidad de no solo estar viendo los cambios drásticos de hábitos de consumo, sino todas las oportunidades que te da lo digital, que antes se limitaba a invertir en programas de aceleración digital pero no veías el impacto en el corto plazo, y ahora lo ves aplicado.

Definitivamente esto llegó y cada vez va a ser más exponencial. Debemos entender que nosotros, como consumidores, estamos en un punto de no retorno en algunos comportamientos, más allá de que otros vuelvan a ser como antes. Creo que es interesantísimo lo que estamos viviendo y muy desafiante desde el rol de líder.

Hoy hay un margen para probar y equivocarte mucho más protegido que en el mundo que conocíamos antes, porque, como dije, todo está cuestionado y desafiado.

¿Consideras que las mujeres tenemos las mismas oportunidades que los hombres en el desarrollo profesional en las empresas?

Depende mucho de la cultura organizacional en la que estés trabajando. He trabajado en empresas donde claramente siempre supe que no iba a hacer otra cosa que aquello para lo que me habían contratado, porque además no había mujeres en la mesa chica o en posiciones estratégicas. Por eso también me fui de esos lugares para poder crecer, porque hiciera lo que hiciera, nunca iba a tener la oportunidad de desarrollarme profesionalmente allí.

Después he estado en empresas donde realmente ser mujer nunca fue una traba, al contrario. Creo que el mundo es muy distinto de cuando yo empecé a trabajar, gracias a Dios.

Hoy estás mucho más expuesto como empresa si realmente no trabajas sobre una cultura de diversidad e inclusión. Hoy el mundo corporativo cuenta con muchas herramientas para generar ambientes diversos e inclusivos, análisis de *pay equity,* por nombrar una. Asimismo, tienes sitios digitales en los cuales quedan expuestas las compañías por sus malas prácticas y donde puedes comunicar todas tus frustraciones como empleado. Muchas empresas, sobre todo las nacionales, si bien están mejorando en este aspecto, tienen todavía mucho camino por recorrer.

Bajo tu mirada ¿crees que las mujeres podemos hacer algo diferente para promover esta mayor equidad en las organizaciones?

A mi modo de ver, no hay nada más fuerte, desde el punto de vista organizativo, que los ejemplos concretos. Te lo digo desde mi background de Recursos Humanos; podemos tener el mejor plan de diversidad e inclusión pero si al momento de promover y desarrollar a nuestras mujeres no tomamos acciones concretas en cuanto a lo que predicamos, que en el caso concreto de lo que estamos hablando es de la inclusión de las mujeres, todo eso se cae, se desarma.

Si la organización ve que estás hablando mucho de promover mujeres, pero después no tienes a ninguna mujer en un puesto ejecutivo ni en la mesa de decisión, todos descreen. Si tienes altos índices de mujeres que luego de la licencia por maternidad no pueden volver a trabajar en la misma organización porque no tienen el apoyo o las condiciones necesarias para desarrollarse, no vale nada todo lo que expreses verbalmente como política de diversidad e inclusión.

Creo en el poder de los ejemplos, en ver concretamente en tu organización mujeres que crecen, que son un referente, que inspiran, que ayudan. Hombres y mujeres, porque todo lo que se ha avanzado en términos de balance de género tiene mucho que ver también con involucrar a los hombres en este proceso. Para mí eso es crítico.

¿Hay algo puntual que nosotras como mujeres podríamos hacer adicionalmente para promover eso?

Sí. Para mí el rol es el de ayudarnos entre nosotras a derribar muchas barreras, es lo que trato de hacer siempre que puedo. Cuando empecé a trabajar había un estereotipo muy marcado, y era que la mujer que llegaba a un puesto ejecutivo prácticamente no tenía familia, era *workaholic* y lo único en que pensaba era en tratar de competir con los hombres y comportarse como ellos.

Hoy, si realmente quieres desarrollarte profesionalmente puedes hacerlo y al mismo tiempo puedes tener tu familia, no es excluyente. Hay mecanismos y beneficios que están instaurados en las organizaciones que te ayudan y que cuando yo empecé a trabajar no existían.

Creo que como mujeres profesionales tenemos la responsabilidad de hacer más coaching de pares entre nosotras y de contar más estos ejemplos de nuestra vida para ayudarlas a continuar su desarrollo profesional para que, cuando llegan a cierta edad y piensan que dar un paso hacia una posición de mayor responsabilidad va a implicar dejar su vida de lado, despejen las dudas y puedan darlo sin temor.

A mí me ayudaron mis padres con la educación que me dieron y mi marido también, con su apoyo incondicional en cada momento decisivo de mi carrera. Me acuerdo que cuando tuve la oportunidad de trabajar en una posición para toda América Latina, mis hijos eran chiquitos y yo tenía que viajar mucho, entonces con mi marido nos organizamos y armamos la logística en detalle para que yo pudiera cumplir con mis responsabilidades y al mismo tiempo tener calidad de tiempo con nuestros hijos. Pero para organizarte es necesario tener esas conversaciones que a veces no se dan en tu casa, o no se dan antes de formalizar una relación con tu pareja. Es muy bueno tener este tipo de apoyo en una comunidad de mujeres, con Recursos Humanos o con ejecutivos de tu propia compañía que te ayuden a encontrar soluciones y te contengan cuando estás angustiada.

Hay que contar estas historias de inspiración para derribar esos mitos de que no puedes ser madre y trabajar. Soy de esa generación; gran parte de mis amigas tuvieron hijos y dejaron de trabajar porque era el mandato o porque lo encontraban incompatible con el rol de madre.

Pero pueden hacerse las dos cosas, hoy la maternidad, la paternidad y la crianza de los hijos felizmente es compartida, es mucho más igualitaria, cada uno tiene que encontrar su rol, no hay obligaciones más de uno que del otro.

Ahora bien, infelizmente, después de todas las encuestas que se hicieron durante la cuarentena, ves que todavía sigue recayendo sobre la mujer gran parte de las responsabilidades de la casa, y ahí es donde te das cuenta de que hay todavía mucho por hacer.

Les digo a las madres o a las chicas que van a ser madres en la organización que ellas tienen mucho más soporte y beneficios que lo que tenía yo cuando decidí ser madre y continuar trabajando.

Igualmente hay que seguir trabajando para derribar muchos prejuicios culturales, ahí te diría que más que por las organizaciones pasa por la educación que les damos a los niños y niñas.

Gran parte del poder, haciendo una introspección de por qué yo pude seguir adelante a pesar de todas las barreras de nuestra época, que eran mucho más que las de ahora, fue porque en mi casa mis padres nos educaron en la igualdad. Yo soy la única mujer, tengo dos hermanos, soy la del medio, y a los tres nos educaron exactamente igual: mis hermanos ponían la mesa, la levantaban, mi papá hacía lo mismo. Nunca sentí eso de que por ser mujer era distinta y tenía menos derechos que mis hermanos.

El poder de la educación más todo lo que las organizaciones pueden hacer en pos de la diversidad, la igualdad de derechos y la inclusión, es increíble. Si empiezas a educar a las mujeres en las escuelas también, empoderándolas mucho más, mostrándoles que hay muchas carreras que no estudian más por barreras culturales que por temas de género, creo que todavía puedes destapar muchísimo más potencial en ellas.

¿Percibes que tuviste una evolución, en cuanto a la comunicación con tus colaboradores, desde que empezaste a trabajar hasta ahora?

Terminé el colegio y empecé a trabajar a los 18 años porque siempre quise tener mi dinero, y por consiguiente mi independencia.

También uno va madurando y tomando perspectivas del poder de lo que dices en función de los roles que tienes. A los 20 yo era mucho más temperamental e impulsiva. Después, los años te hacen ver que la vida pasa más por los grises que por los blancos y negros.

Es importante tomar conciencia del poder que tiene lo que dices y cómo lo dices, cuando tienes gente a cargo y vas creciendo jerárquicamente vas creando un *storytelling*, una narrativa de lo que es la empresa y de lo que eres tú como ejecutivo, como líder. Entender que lo que decimos puede ser fabuloso o puede ser muy destructivo para otros; es un punto de no retorno y de toma de conciencia.

Desde los 18 hasta ahora he cambiado mucho, y hoy trato de tener una comunicación mucho más cuidada y pensando muy bien qué quiero decir y con qué palabras decir las cosas que son importantes o los valores que quiero transmitir a la organización. Paso mucho más tiempo trabajando mis mensajes que en el pasado porque entiendo el poder que tiene la palabra cuando diriges una organización.

Haciendo una retrospectiva en mi experiencia, estuve en organizaciones en las que a una mujer podían decirle cualquier barbaridad y todo el mundo se reía y hasta una misma se reía a veces sin tomar conciencia del impacto. Hoy, por suerte, esto es inconcebible, culturalmente cambió muchísimo.

En ese sentido cambió para bien, y también lo que a mí me hizo tomar una perspectiva distinta fueron los años de trabajo en compañías multinacionales en donde el trabajo sobre la diversidad y la inclusión comenzó muchísimo antes que en la Argentina. Hace muchos años que trabajo con equipos y en proyectos globales, ahí es cuando incorporas la importancia de entender la perspectiva cultural, de cómo impacta el mensaje si no lo trabajas a conciencia. Ahora uno trabaja más en concientizar lo que se quiere comunicar.

Pensando nuevamente en la comunicación con los colaboradores, ¿qué consideras que es más fácil hoy que años atrás y, como contrapartida, qué es más difícil?

Creo que hoy es más fácil llegar a todos, estar disponible y trabajar más colaborativamente ya que la tecnología te lo facilita.

Y hoy es más difícil ser totalmente espontáneo, porque tienes que ser consciente de muchas más cosas y de la masividad que tu mensaje puede adquirir con las redes sociales, estamos muchísimo más expuestos. Tal vez a alguien de mi generación no se le ocurriría pensar que decir algo podía llegar a herir tantas susceptibilidades como ahora, de ahí la importancia de trabajar los mensajes a conciencia.

Hay que internalizar un discurso mucho más inclusivo, obviamente, mirándolo desde mi generación, porque probablemente una persona más joven ya se forma con los parámetros culturales diversos e inclusivos. Yo fui cambiando, aprendiendo, adaptándome y abriendo mi cabeza a un mundo mucho más diverso e inclusivo.

¿Cómo piensas que va a evolucionar la comunicación en los próximos años? Siempre en la relación entre tú como líder y tus colaboradores.

Con mi equipo directo tenemos una comunicación muy abierta desde la base de la confianza y la transparencia. Creo mucho en que la gente no puede trabajar en una empresa sin entender desde dónde está contribuyendo al negocio.

Desde hace ya un año y medio estoy trabajando mucho para que todos los indicadores de negocio sean conocidos por todos los colaboradores y que la gente entienda la evolución de nuestro negocio, de dónde venimos y por qué estamos tomando las decisiones que tomamos.

La comunicación ha cambiado drásticamente en esta pandemia porque tuvimos que aprender a comunicarnos digitalmente, virtualmente, creo que hoy avanzamos muchísimo y además nos dimos cuenta de que ahorramos mucho tiempo para nuestra vida personal, que podemos ser más eficientes.

Podemos usar el tiempo de otra forma, y aprendimos algo que para mí es fantástico, que es a ser breves; decir lo que hay que decir sin tantas vueltas, sobre todo a los latinos que nos cuesta tanto ir al grano y sintetizar.

Lo que vamos a tener que aprender es cómo balancear lo digital con lo presencial y a qué le vamos a dar prioridad, dependiendo de qué tipo de diálogo queramos tener.

Definitivamente, nuestras reuniones se han hecho mucho más eficientes en términos de tiempo, de ir a lo concreto; ahora bien, cuando discutes temas que son más estratégicos, donde la mirada de los otros enriquece la discusión, lo digital no te ayuda tanto, es mucho más poderoso lo presencial.

Por otra parte, probablemente vamos a tener que aprender a hacer un uso más sano de lo digital para no terminar como ahora, que si no tengo los anteojos no veo la pantalla y eso no me pasaba antes, es la saturación de estar 10 horas por día expuesto a las pantallas.

A la vez, otro tema que me preocupa mucho es la sobredosis de información. De alguna forma, de todo eso de lo que nos nutrimos y después comunicamos, hoy tenemos un nivel de profundidad mínima por la intoxicación de información que recibimos. Estamos en un momento de experimentación, todavía en una etapa muy incipiente de transformación de no solo cómo damos el mensaje sino de los canales que utilizamos para transmitirlo.

Y desde el punto de vista del trabajo en equipo, vamos a tener que aprender a balancear lo virtual versus lo presencial y cómo manejamos la intensidad y la claridad de los mensajes que tengamos que emitir.

¿Tienes alguna mujer que te resulte admirable en el mundo profesional, corporativo o político?

Creo que voy tomando cosas de muchas mujeres, no tengo una sola mujer que sea mi referente.

Te diría que de distintas mujeres que voy conociendo voy tomando cosas que me parecen fantásticas o también cosas que digo que no me gustan y no quiero copiar ese estilo.

No te podría nombrar una en particular. Sí desde el ámbito político una mujer que me gusta mucho como habla es Michelle Obama, pero creo que ahí también está muy atado a que a los norteamericanos, y sobre todo a los abogados, los forman en oratoria y les enseñan a dar el mensaje claro y conciso.

Otra mujer que me gusta mucho cómo comunica es Angela Merkel, que es muy clara. Cuando la escucho y la veo comunicar me pregunto: "¿Cómo en poco tiempo puede pasar los mensajes difíciles que tiene que comunicar, con tranquilidad y un profesionalismo increíble?".

Admiro mucho a la gente que sabe comunicar. Barack Obama, por ejemplo, es alguien al que escucho y me hace reflexionar acerca de lo poco que nosotros educamos a nuestros hijos en oratoria en las escuelas.

El saber hablar bien, la capacidad de oratoria, de dar una mensaje sintético y profundo a la vez, y cuán importante es esto para las empresas y para la vida en general. La verdad es que vemos malos ejemplos, la gente sale de reuniones preguntando: "¿Qué quiso decir esa persona después de una hora de presentación?". Nosotros, como país, tenemos una oportunidad enorme de educar a nuestros jóvenes en oratoria, en comunicación clara, en cómo pasar los mensajes, en cómo manejar tu cuerpo a la hora de transmitir lo que quieres decir.

Si tuvieras alguna amiga que está por asumir una posición de liderazgo, ¿qué le recomendarías que no hiciera comunicacionalmente y qué le recomendarías que sí hiciera?

Lo primero para mí siempre es ser auténtico, uno tiene que trabajar las fortalezas de la comunicación desde sus propias fortalezas personales, desde donde eres bueno para comunicar.

Claramente el poder de la comunicación viene de la preparación previa; es decir, de tener en claro qué quieres contar, el *storytelling*, saber cuáles son los mensajes claros que quieres transmitir y cómo armar la narrativa en torno a eso.

No hay que pasar de dos o tres mensajes claros y concisos para que la gente se vaya con las ideas claras y concretas. Mucha preparación, mucha práctica y mucha escritura. Yo escribo todo lo que digo, lo leo, lo pienso, lo practico porque te ayuda a tener un mapa para no desviarte de los mensajes clave.

Y eso es válido para cualquiera, hombre o mujer; para mí el poder de la gente que sabe hablar y comunicar viene de mucha preparación atrás y hasta quienes lo hacen espontáneamente es porque ya tienen mucho hábito de haberse preparado en el pasado.

La improvisación es buena cuando sabes hacerla, pero la mayoría de las personas no sabemos improvisar, sobre todo al hablar en público, y la preparación es lo que te da seguridad.

La preparación, el ensayo, la elección de las palabras con las que te sientas cómoda para eso que vas a transmitir es clave.

¿Cómo crees que influye la comunicación en la motivación de los colaboradores?

Mucho. Por ejemplo, en un proceso de transformación, cuando la gente no entiende cuál es la finalidad del proceso de cambio o por qué estás tomando las decisiones que tomas, los colaboradores pierden el norte, se "desconectan" del proceso. La comunicación es clave para que nuestros colaboradores entiendan cómo están contribuyendo en el proceso de cambio y por qué necesitamos cambiar.

El poder que tiene la comunicación en la comunidad en general, pero en las organizaciones en particular, es importantísimo. Hasta dar una mala noticia depende de cómo prepares la comunicación y le cuentes a la gente lo racional de lo que estás contando; la empatía que pones en esa comunicación te ayuda para que, quien te está escuchando, entienda que tiene que acompañar o quiera acompañarte en ese proceso, aunque la finalidad no sea buena.Yo creo que comunicar bien, sobre todo en estos momentos que estamos viviendo, ser empático, claro y conciso, no irte por las ramas es súper poderoso. En la escuela, lamentablemente, no recibimos educación de cómo comunicar, cómo presentar ni de cómo exponer una idea.

Las generaciones más jóvenes nos exigen ser buenos comunicadores porque no tienen capacidad de atención sostenida. Para darles un mensaje tienes que esforzarte, y el primer minuto es crítico, si no pasas los mensajes en ese primer minuto se duermen o se desconectan.

¿Hay como un hilo conductor entre la comunicación, la motivación, el compromiso y el alcance de los resultados de negocio?

Cualquier proceso de transformación o cualquier objetivo de negocios que tengas depende mucho de cómo lo comuniques, del *engagement* que va a tener la gente con ese objetivo y los logros que vas obteniendo a medida que vas avanzando. También la forma en la que comunicas puede tener mucho más poder o menos. Para mí la comunicación en cualquier proceso que encares como organización es crítica y el poder de la comunicación en los procesos de *change management* es fundamental.

Algo que aplico siempre es que no hay que subestimar a la gente. En una organización somos todos adultos, todos trabajamos a cambio de dinero, muchos por necesidad, otros por vocación, la combinación que quieras, y muchas veces se dejan de comunicar algunas cosas, se comunican de manera infantil o simplemente subestimando a tu interlocutor.

Para mí el poder que tiene hablarle a la gente de las cosas como son es mucho más fuerte que el no comunicar o comunicar lo mínimo e indispensable presumiendo que no lo van a entender.

¿Cuál fue el momento en tu carrera profesional en que tuviste que tomar una decisión que te costó mucho definir?

Cuando trabajaba para Reckitt Benckiser para Latinoamérica con base en Buenos Aires, se tomó la decisión de mudar la región de Buenos Aires a Miami, y yo decidí por razones personales no mudarme, y por consiguiente me tuve que ir de la empresa. Por suerte, durante el proceso de cierre en Reckitt recibí la propuesta para sumarme a Pernod Ricard, así que tuvo un final feliz. La verdad es que fue una decisión súper difícil para mí irme de Reckitt porque me encantaba mi trabajo y el equipo con el que trabajaba; lo viví súper mal.

Hoy, habiendo pasado casi 12 años de ese momento y viendo las oportunidades profesionales que tuve en Pernod Ricard, habría tomado la misma decisión.

Testimonio 3

Silvia Bulla

Silvia Bulla es licenciada en Estadística, egresada de la Universidad Nacional de Rosario, posee una maestría en Administración de Empresas, una certificación de Coach Ontológico otorgada por la International Coaching Federation y una de liderazgo en Innovación del UC Berkeley Center for Executive Education. Con más de 30 años de trayectoria, Silvia desempeñó diversos roles jerárquicos en distintas áreas, lo que le permitió obtener una visión holística del mundo corporativo.

Ingresó a la Planta de Nylon de DuPont colaborando en el proceso de certificación de las Normas ISO 9000, asumiendo luego el rol de gerenta de Calidad. En Recursos Humanos, fue Business Partner, líder del área Compensaciones y Beneficios, haciendo luego carrera dentro del Management de la función con responsabilidades regionales.

Tiene fuerte foco en la gestión de los impactos de las actividades de M&A en las personas y en la transformación de las empresas. Participó activamente en los proyectos de transformación de las operaciones comerciales más importantes.

En 2017 asumió la presidencia de la entidad DuPont Argentina y Danisco Argentina manteniendo la responsabilidad regional de Recursos Humanos. Posee activa participación en foros y actúa como directora en IDEA, ACDE, AMCHAM y CEADSs.

Recientemente obtuvo el reconocimiento como "Mujer destacada en el ámbito empresarial 2020" otorgado por el Women Corporate Directors. Silvia está casada y tiene dos hijos.

Gracias, Silvia, por tu tiempo. ¿Cómo te presentarías?

Soy presidenta de DuPont Argentina y Danisco Argentina, y directora de Recursos Humanos para América Latina para el negocio de Nutrición y Biociencias.

Fui en la Argentina la primera mujer en acceder a los cargos máximos en la empresa multinegocio, con más de ochenta años de presencia en el país, y actualmente con dos plantas de fabricación: una de producción de enzimas en Córdoba, y otra de producción de plásticos en la provincia de Buenos Aires. Oficinas centrales para marketing y funciones.

Mi rol incluye la responsabilidad por el cumplimiento de los requerimientos locales para el desarrollo y continuidad de las operaciones, y el cumplimiento y total adhesión a los valores corporativos. Asimismo, el apoyo a los negocios y funciones para contribuir a su crecimiento promoviendo la colaboración entre ellos e identificando nuevas oportunidades, la representación externa y el liderazgo de los programas de sostenibilidad y el patrocinio de las iniciativas de diversidad, integración e inclusión de las minorías (LGTB+; discapacidad). En mi rol específico de directora de Recursos Humanos, lidero las actividades de gestión de personas (desarrollo, crecimiento, reclutamiento clave), estrategia de relaciones laborales, *due diligences*, integración de la cultura y propuestas de valor para los empleados de toda la región, entre otras.

¿Consideras que las mujeres tenemos las mismas oportunidades que los hombres en el desarrollo profesional de nuestras carreras profesionales?

Creo que se ha avanzado mucho en la igualdad de oportunidades, pero muchísimo queda por hacer. Me ha tocado la suerte de pertenecer a una empresa en la que el tema de equidad ha venido tratándose desde hace muchos años, y se ha trabajado con metas y acciones concretas para disminuir las brechas. Y mi posición habla de lo exitosas que han sido esas acciones tomadas *ad-hoc* para poder dar pasos deponiendo prejuicios y dando oportunidades. Es fundamental reconocer que hay un problema y avanzar con compromiso sustentable para revertir esa realidad. Hay empresas, instituciones y Estados donde nada se ha hecho aún, y las injusticias en ese sentido son enormes. Parece mentira que aún hoy tengamos que ratificar que las capacidades profesionales de las personas no están relacionadas con su género, preferencia u orientación sexual.

Bajo tu mirada, ¿crees que las mujeres podemos hacer algo diferente para promover una mayor equidad en las organizaciones?

Sin dudas, creo que nos toca el deber de hacernos oír en todos los ámbitos. Nos toca ayudarnos identificando ocasiones que contribuyan a erradicar prejuicios y falsas creencias que han impedido a muchas mujeres desarrollarse profesionalmente. Es difícil deshacerse de esas creencias tomadas como verdades absolutas, pero hoy estamos en otra posición, más firmes, impulsadas aún más por las nuevas generaciones que vienen con más fuerza a presentar esta suerte de lucha por lograr la equidad y despojarnos de tantos años de adhesión a una injusta realidad. Los prejuicios o motes con los que se suele identificar a las mujeres son: debilidad, sumisión, emotividad y compasión excesiva, etc. Mientras que aquellos asociados a los hombres serían los relacionados con la fuerza, el coraje, la decisión.

Durante mucho tiempo generaciones de mujeres trabajaron sin poder, en muchos casos, demostrar que tenían muchísimo más que ofrecer, que tenían los mismos derechos que los hombres a mostrar sus intenciones y sus reales capacidades.

Hace un tiempo se ha comenzado a transitar un camino de mayor actividad, las mujeres se autoconvencieron de que más allá de lo que se espere de ellas, tienen muchísimo para aportar, para colaborar, para hacer la diferencia y contribuir o liderar el éxito.

Todas tenemos un importantísimo desafío, y es lograr el progreso en la búsqueda de la igualdad real. Y digo real porque no se trata de activismo de exposición, se trata de acciones concretas que permitan exigir ser consideradas, postularse y ser seleccionadas. Sencillamente que se nos dé la oportunidad. Esto permitirá empresas y sociedades más ricas y exitosas; se tratará de empresas y sociedades más transversales y por sobre todo más justas.

La manera es, por un lado, cada una en su espacio, compartiendo, hablando, impulsando el cambio; por otro, acompañándonos, actuando juntas, aprendiendo, comprometiéndonos, participando en foros y proponiendo las leyes que se requieran para lograr la equidad.

¿Cuáles consideras que son tus mayores desafíos hoy en tu posición?

Los desafíos que propone mi posición en una empresa tan activa en términos de cambios de portfolio serían justamente llevar adelante las decisiones comerciales de M&A (fusiones y adquisiciones) y eventuales salida de negocios, en total concordancia con los valores corporativos y las necesidades comerciales.

Las empresas se mueven hoy en ambientes muy volátiles e inciertos, y continuar operando y comerciando en estos contextos requiere de un compromiso y esfuerzo adicional de cuidados en la ejecución. Es un balance de extrema sensibilidad de gestión y hoy en día se convierte en una habilidad requerida en estas posiciones.

¿Cómo percibes tu evolución personal con relación al vínculo con tus colaboradores? ¿Fue cambiando a lo largo del tiempo y con la experiencia?

Los líderes poseen habilidades innatas y muchas otras

que pueden adquirirse y desarrollarse. En mi caso, creo que tengo rasgos muy míos que lógicamente se trasladan al ámbito laboral.

Hace unos años tuve la oportunidad de participar de entrenamientos acerca de la personalidad, cursos realizados en la empresa a partir de la herramienta de Myers-Briggs. Soy una "ENFP", ¿qué significan estas letras? Básicamente que soy extrovertida, con una importante capacidad de actuar por intuición, que proceso por sentimientos y que implemento basada en la percepción.

Este aprendizaje para autoconocerse me ayudó –sin dudas– a detectar oportunidades para hacer más rica la entrega en mi labor. Conociéndose y conociendo al otro uno sabe cómo relacionarse mejor, cómo abordarlo, cómo extraer lo mejor de ambos.

Seguramente esta herramienta ha servido para ayudarme a crecer y encontrar los complementos necesarios en los equipos que formo.

¿Cómo definirías el estilo de comunicación que tienes como líder de tu equipo de trabajo?

Soy esencialmente una persona a la que le gusta escuchar, entender al otro, saber por qué y para qué actúa de determinada manera. Siempre hay un porqué y no me gusta adelantarme y tomar como verdades absolutas los supuestos. Soy súper partidaria de la escucha activa, del diálogo, del consenso. Me gusta enriquecerme y aprender de distintas posiciones, no me asusta cambiar de posición y me encanta el desafío de buscar una opción que sea producto de un acuerdo donde todas las voces fueron oídas. Las personas percibimos las actitudes y conductas. Cuando las acciones son concretas y no se trata solo de declamaciones, son valoradas. Me gusta hacer lo que digo, demostrarlo, y por ello doy ejemplos concretos. Desde las políticas de puertas abiertas, donde ningún asistente interfiere en la posibilidad de una comunicación, hasta una actitud más proactiva de recorrer los espacios y acercarme a los colaboradores para saber cómo están. Las personas se abren a estos estilos y los valoran.

En resumen, me gusta hablar de un estilo de liderazgo abierto, inclusivo, respetuoso y colaborativo, es mucho mejor recibido y apreciado. Esto permite a las personas mostrarse tal cual son, animarse a hacer propuestas y mayores aportes y, por consiguiente, sentirse partícipes con todo lo que eso significa.

¿Qué tono o estilo tiene tu vínculo con el equipo de trabajo?

Lo que es fundamental es que las personas nos perciban como uno de ellos. Nada de "máxima autoridad, lejanía, firmeza". Somos personas, somos vulnerables, nos equivocamos, aprendemos, buscamos dar lo mejor siempre. Ese tono es con el que me siento confortable. Gestiono, tomo decisiones, pero puedo equivocarme y eso habla justamente de un aspecto de la gestión que incluye la complementariedad de habilidades: las más duras relacionadas con la efectividad de la gestión y conducción, y las más blandas que hablan de conducir a partir del *engagement* (compromiso) y motivación de toda la organización.

Hoy es más fácil que tiempo atrás ponerse cerca de las personas, eso simplemente es una decisión. Empatizar, esa palabra tan de moda y tan tremendamente cierta y oportuna.

Sin embargo, es más difícil y complicado entender que las personas estamos pasando por una compleja situación producto de la coyuntura pandémica, social y económica. Esto puede hacernos asumir decisiones, acciones, palabras con las que en otro momento no estaríamos cien por ciento de acuerdo. Esta es una realidad ante la cual lo único que no debe caducar es el compromiso con los valores. Cuando estos se encuentren en riesgo, ya no se hablaría de momento difícil, hablaríamos de un imposible. No hay negociación.

¿Qué líder mujer te resulta admirable, focalizando principalmente en su forma de comunicar?

Me resulta difícil elegir una mujer del ámbito de la vida empresaria o política que me represente o que admire. Son muchas, y de muchas de ellas trato de tomar sus mejores habilidades de conducción y relacionamiento, prestarles atención y aprender. Pero si tuviera o si se me permitiera salir del ecosistema de vida de empresa, me gustaría referirme como mujer admirada por mí a la Madre Teresa de Calcuta.

Me resulta admirable porque ha sido una incansable trabajadora de la caridad, con la firmeza necesaria para alcanzar un propósito claro, y la empatía y compasión requeridas para la dura tarea que ella misma se propuso.

Su estilo de comunicación es el de la sensibilidad, la escucha, la empatía, la valentía y la resolución, habilidades blandas pero firmes, como las que se necesitan para la ejecución. Se trata justamente de la complementariedad a la que hacía referencia antes.

Entiendo, producto de entrevistas que he visto, que maneja su conversación con la misma tranquilidad con la que se mueve. La sapiencia de saber que se obra con misericordia, humildad, compasión y la firme voluntad de actuar libre de toda ideología y vínculo más allá de obrar para el bien.

Sus oyentes registramos su imagen de gran humildad, fragilidad y vulnerabilidad. Increíblemente la imagen sepulta todo prejuicio, pues más allá de esa imagen pequeña, de persona simple y frágil, si hay algo que ella justamente ha demostrado es fortaleza, convicción, su poder de decisión y de acción.

La vuelve admirable para mí su propósito firme, su convicción, su humildad, su empatía, su compasión y su capacidad de ejecución al mismo tiempo. Lo reitero, la conjunción perfecta de las habilidades de líder.

Pensando en una persona que va a ser líder de un equipo, ¿qué alertas le darías con relación a la comunicación con sus colaboradores?

Me gustaría centrar la respuesta justamente en la importancia de comunicar. No es un cliché decir que no comunicar es comunicar. ¿Por qué? Porque esto acarrea la aparición de supuestos y rumores que dañan mucho a la organización.

Los colaboradores, para sentirse parte, para conseguir el anhelado *engagement* (compromiso) necesitan estar informados. Saber qué sucede y por qué.

Es clave entender qué hay en el mensaje para cada persona. En todo mensaje hay y debe haber algo de lo que el otro puede apropiarse (*What's in it for me?*). Ni hablar de lo beneficioso que es reconocer que son escuchados o que sus opiniones son tenidas en cuenta. Sencillamente lo que no hay que hacer es no comunicar. Siempre, lo bueno y lo malo es importante compartirlo. A su tiempo, de la mejor manera, a través del mejor canal elegido, pero... comunicar.

Lo que no tengo dudas es acerca de la importancia de la comunicación como un todo. En coaching trabajamos sobre el lenguaje como generador de realidades y los tres componentes o dominios inseparables que construyen, crean o cambian las distintas realidades son: el lenguaje *per se*, la corporalidad y la emocionalidad.

Cuando comunicamos lo hacemos de manera verbal y no verbal. La manera verbal es la palabra en sí misma, y la no verbal es la de la imagen, todo lenguaje complementario que deviene crítico, como el corporal, las emociones y hasta la ropa, y también ahora más que nunca el ámbito desde el cual se comunica. Esto es clave para expresar concordancia entre lo que se expresa a través de la palabra y con los gestos, evitando mensajes cruzados o contradictorios y permitiendo la "nueva" realidad.

Si bien hay personas que tienen una capacidad innata para ser buenos comunicadores, se trata de una suerte de arte que se construye con trabajo, dedicación y práctica. En mi caso, el coaching ha sido un aprendizaje muy enriquecedor y una herramienta clave a la hora de relacionarme.

¿Y en qué medida la comunicación en un grupo ya comprometido facilita resultados de trabajo?

Sin dudas el *engagement* está muy vinculado a la comunicación del liderazgo.

Nadie se compromete, se motiva, sin un propósito cierto, conocido y que se comparte o al que se adhiere. Es fundamental no informar solamente, asegurarse de que se haya comprendido, que no se tengan dudas, que se comparta y se elija ser parte activa.

Esto hará muy distinto el día a día de las personas, estarán motivadas, se comprometerán, harán propio el proyecto colectivo, y su entrega personal y compromiso serán clave para la concreción del objetivo.

La comunicación es clave y sin dudas afecta al compromiso el darla de manera correcta y asegurando su comprensión. Muchas veces pensamos que estamos haciéndolo correctamente pero no es realmente así y el mensaje no llega de forma correcta al receptor o simplemente es mal interpretado.

Los "ruidos" en la comunicación pueden crear grandes errores. Desde retrasos, la no realización de una tarea y hasta la duplicación de una misma cosa, con todo lo perjudicial y frustrante que eso puede resultar. Es clave en lo operativo y en las relaciones y actividades de equipos.

Ejemplos hay muchísimos, pero para graficarlo, cuando se trata de proyectos en los que intervienen equipos de trabajo de distintas áreas son fundamentales los procesos que incluyan reuniones de *updates* y espacios compartidos donde se vuelquen las minutas, el proyecto, los avances y los nombres de los responsables. En estos casos será fundamental conocer las expectativas que cada uno tiene respecto de la entrega, los tiempos, etc., para estar todos alineados y compartiendo la misma información. Para ello, acordar procesos es clave. La mejor manera de trabajar es a través de un liderazgo que promueva las actividades colaborativas y conectadas, en equipos diversificados que consideren la tecnología y la automatización sin descuidar de ninguna manera la vinculación personal.

¿Qué consideras que sí o sí debe estar presente en la forma de comunicar de una líder mujer y que marca la diferencia en el liderazgo de hoy?

Estoy convencida de que la confianza es la base para la construcción del liderazgo de hoy.

Lo técnico y sin dudas las habilidades interpersonales son fundamentales. Gestionar con equipos heterogéneos que aporten y conduzcan al éxito será posible si el líder ha logrado generar la confianza requerida, y esa confianza será el resultado de un líder que se conoce, que conoce sus propias habilidades. Autoconocerse permite identificar habilidades innatas y potenciales, desarrollarlas en caso de necesitarlas y dar origen a la formación de equipos que se autogestionen a través de la construcción de equipos y aportes genuinos. No debe faltar el reconocimiento, fuente clave para alcanzar el esperado "compromiso".

La buena comunicación del líder genera el alcanzar un propósito compartido, compromiso, inspiración y motivación.

Las líderes o los líderes de hoy en día son necesariamente perfiles flexibles, abiertos a los cambios radicales donde coexisten distintos modelos y hasta culturas de empresas muy activas. Y todo eso en un ecosistema disruptivo con el desafiante emergente de la digitalidad, inteligencia artificial, big data y automatización.

Por todo eso es clave y diferencial la generación de confianza. Esta confianza se trata de una emoción y tiene que ver con lo técnico y con la emocionalidad al mismo tiempo. Para mí es lo fundamental en los liderazgos de hoy. La confianza permitirá seguir disolviendo los miedos y eventuales dudas, con una mirada positiva en razón de esa relación creada, construida a partir de gestos y muestras honestas de voluntad y acciones concretas. La confianza en el líder permite un ambiente más franco, mayor transparencia y la firme convicción de que los grandes cambios, las coyunturas inciertas y complejas se transitarán de la forma más conveniente para todos.

¿Podemos hablar de un liderazgo femenino diferencial?
Liderazgo femenino… Somos diferentes, no hay dudas. Pero no lo somos a partir solo del determinismo biológico, lo somos también producto de principios culturales, de sociedades más o menos abiertas. Las sociedades conllevan la creación de estereotipos que rigen el imaginario colectivo. Es por ello que se ha generado la idea de la existencia de un marcado liderazgo femenino y uno masculino. Cada uno interpretado según las características asociadas a los distintos géneros. Mientras que el masculino está asociado a la gestión, a la autoridad, a la resolución, el femenino está más atribuido a las llamadas habilidades suaves, devenidas muy importantes en el mundo de hoy –con claros síntomas de mayor deshumanización–, y que son la empatía, la resiliencia y la comprensión.

Pero, el liderazgo femenino de hoy ha ido más allá y ha comenzado a dar muestras concluyentes de sus concretos y diferenciales aportes con independencia de los atribuidos a su género. El liderazgo femenino desplegó una mayor autoconfianza, demostró su efectividad para gerenciar y ejecutar con mayor seguridad, y cada vez más ocupa posiciones más importantes en todos los ámbitos.

Podemos hablar de liderazgos complementarios, una conjunción de las habilidades propias de sus profesiones, posiciones o roles más las vinculadas al género femenino. Hablar de complementario es más interesante, deja por sentado que no se trata de optar por un estilo, se trata de obtener una posibilidad más rica y superadora, aún más inclusiva y no limitante. Significa sencillamente que el estilo de liderazgo femenino es mucho más amplio de como se lo suele identificar y que nos permite ser aún más equitativos abriéndosenos la certeza de que existen posibilidades de liderazgo de calidad independientemente del sexo, género, identidad u orientación sexual.

¿Cuál fue el momento en tu carrera profesional en que tuviste que tomar una decisión que te costó mucho definir?

Me han tocado a lo largo de mi carrera muchas duras decisiones. Aquellas experiencias con fuerte foco en Recursos Humanos fueron las más difíciles.

Trabajé durante la mayor parte de mi carrera en la gestión de los impactos de las actividades de M&A en las personas, en la transformación de la empresa y lideré áreas clave durante los proyectos que involucraron las más importantes operaciones de la empresa: adquisición e integración de Agar Cross y Pioneer, formación y venta de Invista, adquisición e integración de Danisco, fusión y separación de Dow DuPont, incluida la creación de Corteva Agriscience, y durante el año 2020 en la separación del mayor negocio –Nutrición y Biociencias– para la fusión e integración a la empresa IFF. Todas experiencias que involucraron a personas. No se trataban de activos físicos, inmuebles, máquinas... eran colegas, amigos colaboradores que atravesarían cambios fortísimos en sus vidas laborales y personales. Y puedo decir que, aunque duras, se hicieron siempre priorizando a las personas, con el foco siempre en ellas, buscando las mejores oportunidades para cada una.

Creo que ese es el camino, es el estilo de liderazgo que ayuda a comprender y a acompañar lo irreversible y con el que me siento segura para tomar las decisiones con la firmeza del mundo de los negocios y la empatía que se requiere y debe siempre primar.

¿Unas palabras finales para dejar a nuestros lectores?

Me gustaría solamente resaltar lo importante que es dar la bienvenida a los replanteos, la revisión de las verdades absolutas que no son tales. Los liderazgos son más allá del género. Cada uno trae seguramente su propia impronta pero, se puede trabajar, aprender y, por sobre todo, recalcular de ser necesario.

La base del líder deben ser sólidos valores, que generen admiración, la apertura a la escucha y la adaptación de otras opiniones, la asunción de riesgos, la intuición, el reconocimiento de la vulnerabilidad, el agradecimiento y la comunicación comprometida que movilice en pos de un proyecto común.

Y si hablamos de replanteos, creo que se abre por delante un debate que me apasiona y es el del capitalismo inclusivo. Tenemos una excelente oportunidad de reconsiderar un fuerte avance en ese sentido. Así como se habló de sostenibilidad considerando los aspectos clave de, como dice el Papa Francisco, los "cuidados de la casa común", hoy se nos presenta la posibilidad de revisión del capitalismo y espero que seamos muchos los que trabajemos por una real y sustentable inclusión de la humanidad.

¡Que así sea! Que la caja de herramientas y aprendizajes del año que finaliza nos haga más sabios y nos fortalezca para lograr este deseo.

Testimonio 4

Patricia dos Santos

Desde su licenciatura en Psicología y especialización en Psicología Sistémica, ha enfocado su práctica laboral en el desarrollo de personas y organizaciones. Es máster en Administración de Empresas por el Programa MAE 1 de la Universidad Católica. Especializada en Recursos Humanos, Liderazgo, Estrategia y Gestión empresarial.

Fundadora y directora de Jobs, expertos en Recursos Humanos, donde desde 1992 contribuye al desarrollo de la profesionalización del sector de Recursos Humanos, promoviendo la innovación y actualización constantes en materia de gestión del capital humano. Funda también +Marka, estrategias para ganar en góndolas; IRH, Información del mercado Laboral; Trainers, contactos productivos, Who, winner hunting y Good Reference. Es directora de la Ganadera Rancho Quemado, un emprendimiento familiar.

Realiza conferencias y ponencias en seminarios nacionales e internacionales. Es docente en módulos de postgrado de Recursos Humanos, Administración de Empresas e Innovación. Es columnista en diarios y revistas sobre temáticas de liderazgo y gestión con personas.

Participó en la creación y/o desarrollo de organizaciones sociales, como Trasparencia Internacional Paraguay, Acuerdo Ciudadano, Sumando, Asociación Paraguaya para la Calidad, Paraguay Jaipotava, Fundación y Partido Patria Querida, Fundación Feliciano Martínez, Adec, Gestión ambiental Geam, Pacto Global, PEC y Enseña por Paraguay.

Actualmente es presidenta de Tierranuestra/Sonidos de la Tierra, miembro del consejo en Paraguay Educa, Fundación Solidaridad y Desarrollo en Democracia-DENDE. Participa de grupos impulsores de mejora de la educación nacional y la innovación.

Casada hace 45 años con Jorge dos Santos, es mamá de Mariana, Cecilia y Leticia, y abuela de Martina, Félix, Clarita y Aquiles.

Gracias Patricia por tu tiempo. Me gustaría que nos cuentes tu cargo y rol en la empresa, y una breve descripción de tus funciones y responsabilidades.

Soy la fundadora de Jobs, expertos en Recursos Humanos, una empresa de servicios que opera en Paraguay desde 1996. La empresa original Jobs se enfocaba en los servicios de selección, tercerizaciones y consultoría y capacitación. Con los años hemos ido desarrollando varias unidades de negocios: Irh, información del mercado laboral; Who, hunting gerencial y acompañamiento del top management, Trainers BPO basados en personas y/o tecnología; Good Reference, referencias profesionales; +MARKA, servicios de merchandising para puntos de ventas, buscando dar satisfacción a las crecientes demandas del mercado en materia de soluciones para la gestión del talento, alcanzando una facturación promedio en los dos últimos años de 20 millones de dólares. Actualmente ocupo la posición de directora, en compañía de mi socio. Soy una directora bastante involucrada en el día a día, no actúo como una accionista, sino como una directora que necesita estar al tanto de lo que sucede y seguir aportando visión, estrategia y liderazgo. Considero que mi rol principal es el de introducir innovación y también ejercer mi rasgo principal de personalidad que es la mentalidad cartesiana, para que la organización no actúe automáticamente sino con razones bien fundamentadas siempre.

En una organización en la que trabajé antes de fundar mi propia empresa, una compañía industrial muy innovadora, me bautizaron "la mosca". ¿Conoces la mosca negra esa que te canta cerca del oído cuando quieres dormir la siesta un sábado? Bueno ese mismo es mi papel ahora, no dejar que se duerman. Molestar un poco con preguntas, advertencias e introduciendo conceptos.

Siempre estoy tirando cosas dentro de la organización

y también un poco cuestionando para que no se dejen de hacer las cosas que decidimos, que no se abandonen proyectos, que siempre "sigamos la polvareda", o preguntando por lo que no estamos haciendo. Y sobre lo que estamos haciendo, siempre tengo más preguntas.

Hace muchos años encontré una definición de liderazgo con la que me identifico totalmente: los líderes son personas eternamente insatisfechas, decía. Nunca celebro lo logrado por mucho tiempo. Yo lo que quiero es lo que viene después. "¿Qué viene después?" No sea que nos quedemos acá y nos quedemos dormidos. Todo el mundo está aplaudiendo feliz y yo ya quiero ver un poquito adelante.

Mi rol de directora me aleja del día a día, hoy trabajo en la definición de las estrategias, el control presupuestario, el endeudamiento, la conformación del equipo clave, las inversiones, todo lo relacionado con la dirección de la empresa. Y nos gusta estar cerca de las iniciativas para poder transmitir la visión y las experiencias, y el sentido de urgencia.

¿Consideras que las mujeres tenemos las mismas oportunidades que los hombres en el desarrollo de nuestras carreras profesionales?

Sí, estoy convencida de ello y soy la prueba viviente. Las oportunidades están, pero depende de nosotras que las aprovechemos. A lo largo de mi vida he visto a muchas mujeres negarse a sí mismas esos espacios por prejuicios, roles inducidos por otros, temores. Demasiadas veces me encontré siendo la única mujer en un grupo gremial, por ejemplo, o gerencial. Esto está cambiando por suerte, pero lentamente.

Pero no quiero ser simplista, la discriminación hacia la mujer es una dura realidad que necesita mucho trabajo de muchos sectores, la familia es el principal; en mi familia yo aprendí a llegar hasta donde mi inteligencia me permitía y mi esposo también lo aprendió en su familia. Yo no tuve que pedir permiso, solo aprovechar lo que estaba ahí. El mundo empresarial es un mundo creado y ocupado por los hombres durante demasiado tiempo, en general el espacio para la mujer hay que ganarlo.

¿Crees que las mujeres podemos hacer algo diferente para promover una mayor equidad en las organizaciones?

Sí, claro. Lo primero es capacitarnos para estar a la altura de las oportunidades. Lo segundo es promover activamente a las mujeres a nuestro alrededor. Ayudando a que se noten y a que se animen.

También es importante ayudar a cambiar algunas condiciones del trabajo gerencial y directivo para adaptarlo a las necesidades de la mujer (horarios, viajes) y que un trabajo de alto liderazgo no signifique una elección entre roles. Maternidad o carrera, por ejemplo.

Además, trabajar con los hombres a nuestro alrededor para que vean el potencial de las mujeres y les hagan ese espacio que necesitan, en la casa, en la familia y en las organizaciones.

¿Cuáles son tus mayores desafíos en la posición que tienes hoy?

En este momento mi mayor desafío es la creación y consolidación de un gobierno corporativo eficiente, moderno e innovador para asegurar la permanencia de la empresa en el tiempo. Eso significa trabajar con mi socio, con mi familia y con el equipo gerencial con un involucramiento suficiente para influir, pero no invadir.

Y eso consiste en generar una permanente tensión positiva entre el presente y el futuro. Es decir, que se atiendan las cosas, tener las personas formadas, motivadas y orientadas a atender todas las cuestiones que hacen al día a día de la empresa, para que la empresa se sostenga y siga avanzando. Y al mismo tiempo estar no solo pensando, sino que la organización tenga la capacidad de estar desarrollando las cosas que recién van a funcionar en el futuro, pero que necesitan empeño, dedicación e inversión ahora.

Otro desafío importantísimo es el de darle el lugar a las personas que están trabajando con nosotros, darles ese lugar para que crezcan y se desarrollen y puedan aportar lo suyo, y que también yo pueda contribuir a desarrollarlos para que evolucionen.

Cuando me toca trabajar con el equipo ejecutivo masculino, ese desafío se duplica porque el pensamiento femenino y el pensamiento masculino son distintos. Mi desafío es desarrollar en ellos la capacidad de ver el mundo como lo vemos las mujeres, ¡son tipos tan capaces! y con el pensamiento masculino les va muy bien, imagínate si pudieran agregarle el pensamiento femenino en lo que se convertirían.

Y al mismo tiempo tengo el enorme desafío de incorporar la siguiente generación familiar al gobierno corporativo de la empresa, y para eso debo pasar por todos los buenos y malos momentos del proceso de sucesión del management y de la propiedad en base a un plan bien armado. No es que piense en irme aún, pero es importante que las siguientes generaciones vean la empresa como algo atractivo; además, no hay mejor entrenamiento para integrar un directorio que integrarlo.

Si tuvieras que definir desde tu mirada en qué se diferencian el pensamiento femenino del masculino ¿cómo lo harías?

El pensamiento masculino es un pensamiento comparativamente más rígido, su visión de las cosas es más lineal y por lo tanto prefieren hacer una cosa a la vez, terminar uno para empezar dos, se enfocan más en el aquí y el ahora, quieren asegurar las cosas que tienen entre manos, entran en detalles, les gusta ir hasta el fondo. Se comunican para transmitir cosas concretas.

El pensamiento femenino tiene una mirada como desde arriba, más global, busca hacerse una idea de lo que está pasando tomando en cuenta muchos aspectos, y mientras están haciendo algo ya están planteando cosas hacia adelante. La mujer está acostumbrada a atender muchas cosas al mismo tiempo y está también estableciendo relaciones entre cosas y situaciones que para el hombre no existen. Para la mujer comunicarse es establecer vínculos y relaciones, no solo transmitir.

¿Cómo percibes tu evolución personal en relación con el vínculo con tus colaboradores? ¿Fue cambiando a lo largo del tiempo con la experiencia?

Lo más importante de esto que me estás preguntando para mí se llama expectativa; lo que cambió en mí con respecto a los colaboradores es la expectativa. Que tiene también que ver con el paso del tiempo y mi persona. Soy una persona muy perfeccionista, muy autoexigente. No penosamente autoexigente, sino alegremente autoexigente, pero a niveles altísimos para mí misma.

Cuando empecé, yo tenía que conseguir que el cliente se quedara asombrado con mi trabajo y que me lo dijera espontáneamente. Esa era mi evaluación de mí misma. Ya después cuánto me pagaba era lo de menos. Y eso duró varios años.

Entonces, imagínate cómo puede sentirse la gente que trabaja conmigo; me veían como una persona hiperperfeccionista, que nunca está satisfecha por naturaleza, que siempre está queriendo ver lo que va a venir después, y yo pude calmar eso. Dejé de ser tan perfeccionista, y entonces también comencé a tener menos expectativas con relación a que las personas sean perfectas. Para eso recibí mucha ayuda de mi socio y de mi hija Ceci que se incorporó al staff.

No aceptaba las limitaciones de las personas, quería

que las personas cambiaran, que hicieran como yo veía que había que hacerlo. Y ahora tengo mucha más tolerancia ante la manera de ser distinta de las personas y de los procesos de aprendizaje de cada uno.

Aceptar esa realidad me ha permitido delegar, cosa que es imposible si uno no puede aceptar que el otro es distinto y que lo que se va a producir va a ser diferente.

Basada en mi propia experiencia puedo aconsejar a mis pares cuando tienen dudas sobre incorporar a su primer CEO, y les digo: "Lo primero que tienes que hacer es incorporar a tu vida la resignación, aceptar que no se van a hacer las cosas como si tú las hubieras hecho". Muchas veces esa manera distinta de hacer resulta buena o mejor… y cuando eso no sucede, habrá que saber desapegarse y dejar ir.

Mi primera gran tarea fue aprender a convivir con mi socio. Yo elegí expresamente un socio varón. La psicología en mi país es una profesión de mujeres, yo había tenido durante ocho años una socia que pensaba muy parecido a mí. Cuando ella quiso retirarse me dije, "Ahora quiero tener un socio varón, que sea por lo menos diez años menor, y que haya hecho el mismo tipo de MBA que yo", para que pudiera ver esto como un negocio. La etapa de la "retribución" por la retroalimentación espontánea se había terminado para mí, necesitaba ser exitosa convirtiéndome en empresaria exitosa.

Tuve que aprender a tolerar que en Jobs se dejaran de hacer cosas que siempre se hicieron, de la forma que siempre se hicieron y se empezaran a hacer otras y de otras maneras. Y tuve que dejar ir, de lo contrario no hubiéramos evolucionado.

Si me preguntas ¿qué cambié yo? Yo cambié mi perspectiva, mis niveles de exigencia, mis niveles de tolerancia y mis niveles de aceptación, y Jobs definitivamente es mucho mejor. Logramos cosas fantásticas, que yo no hubiera hecho sola, sin ninguna duda.

¿Hace cuánto que la fundaste y hace cuánto que estás con tu socio?

Hace 24 años que fundé Jobs, y mi socio vino cuando la empresa tenía nueve años. Lo invité a ser mi socio con la condición de que fuera el gerenta general.

Eso coincidió con un período de mi vida en el que me inicié en la política. Además, entendía que la empresa había llegado a un punto en el que necesitaba una gestión gerencial muy profesional, como las empresas que conocíamos por trabajar con tantos clientes. Está claro que yo tenía una motivación para la delegación. Y era tener ese tiempo, no solamente físico, sino también psicológico, para transformarme hacia la política, y tuve que hacer gala de todas mis "incompetencias" para desapegarme y aceptar.

¿Quiénes han sido, si es que tuviste, referentes en este tema de la evolución del vínculo con la gente?

Aprendí siempre mucho de los clientes, al verlos actuar como líderes y conversar sobre los efectos de sus estilos. Son tres grandes referentes los que me enseñaron y marcaron mucho: un gerente general jovencísimo de una empresa financiera multinacional, de 32 años. Ese fue uno de esos encuentros de personas que se tiene en la vida. A pesar de su juventud había tenido unas vivencias de liderazgo muy fuertes en África y Europa. Era muy abierto, y me contaba que había ido "juntando" cosas que le habían pasado y había aprendido, después de que ya habían sucedido, cómo se llamaban y cómo reaccionar la próxima vez. Me sentí muy identificada.

El otro, la figura de la cual yo aprendí más en mi vida profesional, fue el dueño de una empresa en la que trabajé seis años como gerenta de Desarrollo Organizacional, Rolando Niella de Martel. Él es un paraguayo doctorado en filosofía en España, pero un tipo con el marketing puesto en la punta de los dedos, en la punta de la nariz y en la punta de la lengua, muy adelantado a su tiempo.

Era una fábrica de indumentaria y una empresa de marcas, vanguardista en todo, era una empresa de otro mundo para Paraguay.

Y este señor era un tipo hiperpráctico, y al mismo tiempo un gran intelectual. Así que nos embarcábamos en largas y apasionantes conversaciones. Yo hablaba desde la psicología y él desde la filosofía y la realidad empresaria, divagábamos y aterrizábamos. Y yo tenía mucha ilusión, y rigor técnico, quería hacer todo *by the book*. Y él me pegaba tremendos sacudones de realidad de los que aprendí muchísimo.

En esa época yo era un poco más de izquierda, con menos de 30 años, graduada en la universidad católica, tiempos de resistencia contra el dictador Stroessner, y le criticaba su modelo carismático, paternalista y capitalista que lo había hecho llegar tan lejos. Y con el tiempo, como te pasa con tus padres, dices: "¡Qué razón tenía!".

En ese mismo período hice una maestría en Administración de empresas. En esa maestría no aprendí, cambié; no te das cuenta, pero el conocimiento te va entrando y trasformando. Un capítulo especial merece mi esposo Jorge. Nos casamos jóvenes, él era profesor en la universidad. Al mismo tiempo gerenciaba con sus hermanos una empresa familiar, y entre la facultad y la realidad del día a día de su empresa, los temas de conversación obligados en la casa, fui aprendiendo de gestión empresarial aplicada.

Todas esas cosas me marcaron mucho. Yo evolucioné, solté mucho más mi carisma, me volví más afectiva y más diversa.

Vamos a caracterizar y comparar los diversos estilos de gestión de la comunicación de las líderes con su equipo. ¿Cómo definirías, Patricia, tu estilo de liderazgo?

Antes yo hacía un estilo de liderazgo que los americanos llaman *by wondering around*, que es el liderazgo de estar encima de las cosas todo el santo día. Alentando a la gente a hacer, mirando lo que se está haciendo en el momento, sumándole cosas.

Ahora, mi estilo de liderazgo es más el ejemplo y el mensaje.

Mi estilo de liderazgo es ser yo. Y cuando yo soy yo, soy una persona llena de intereses diversos. Además de mi empresa y la política, escribo columnas, hago mentorazgo, colaboro con los emprendimientos familiares y estoy en el consejo de administración de varias organizaciones sin fines de lucro, y los temas que tratamos en estas organizaciones yo los llevo y traigo, estableciendo conexiones y aprendizajes que potencian las visiones en todos los espacios en los que estoy. Al fin y al cabo, son organizaciones y les pasan las mismas cosas. Me doy cuenta de que contar mi historia de aprendizajes ayuda a los líderes a verse a sí mismos y a aprender. Se identifican, se animan, se les aclaran algunas dudas.

También uso mucho contar las cosas en forma de relatos remitiéndome a una historia, anécdota o experiencia vivida para conceptualizar lo que voy a decir, o el porqué. Con los más jóvenes que están en el equipo no compartimos la vida. Y a veces no saben lo que hacía o cómo era mi trabajo, de dónde vengo, qué aprendí; entonces tengo que contextualizar con ellos para transmitirles la experiencia y para que no caigamos en los mismos errores. A veces, marcador en mano, explico en una pizarra, por ejemplo, la teoría sistémica para entender lo que pasa y sus posibles efectos. Comparto artículos e investigaciones que avalan lo que quiero plantear, así son otras voces que también dicen lo mismo.

Pero me doy cuenta de que, a esta altura de mi vida, soy un conjunto de cosas que en todo lo que hago se nota. A veces me sorprende cuando la gente me describe tal cual lo que yo quería transmitir. Estoy transmitiendo lo que soy, no necesito escenarios, ni discursos o escribir tratados, solo ser; mis conversaciones son naturales, son hasta inoportunas porque digo las cosas que deben ser dichas para que haya un aprendizaje.

Ahora hace unos años tengo un perfil más público, la gente me reconoce: "yo leo tus artículos", "yo te veo en Facebook". Y esto me esclaviza un poco porque tengo que cuidar mucho lo que digo, mis audiencias son más amplias.

Pensando en tu vínculo con los colaboradores, ¿qué tono o estilo tiene tu vínculo? ¿Qué tono o estilo debería tener para ser tu ideal?

Yo siento que en este momento estoy más relajada. Tengo más posibilidades de ser estimulante que directiva, transmitir visiones, instar a la innovación. Mi estilo de liderazgo es altamente democrático, si quieres llamarlo así; como hay un CEO, nosotros discutimos cosas entre los tres, tomamos decisiones por consenso y luego él las implementa.

Pero a veces amedrento a la gente con mi estilo directo, la velocidad y la exigencia. Como soy muy franca y hasta frontal, debería cuidar más el contexto en el que hablo y generar confianza recíproca con los colaboradores para poder hablar más fácilmente de los errores y aprendizajes.

Con algunos colaboradores tenemos un ida y vuelta sin tapujos. Pero no con todo el mundo es así. Creo, además, que me es más fácil con las mujeres que con los hombres.

¿Qué es más difícil y qué es más fácil que años atrás en tu liderazgo?

Y es la gran diferencia entre ser ejecutiva y ser directiva. Hoy es más difícil que me hagan caso, porque yo no "mando". Hoy somos casi 130 personas en el staff, seis gerentes, un CEO. Solo soy autoridad para las grandes cosas que afectan a lo que es patrimonial.

Antes era más fácil tomar decisiones porque yo tenía la

última palabra, la responsabilidad final era mía.

Hoy me requiere habilidades para influir en otros, de convencimiento, de tolerancia, de paciencia, de resignación, de resiliencia, de perseverancia. Respetar los procesos de las personas sin desesperar, confiar. Conocerlos uno a uno para entender por dónde van y cómo apuntalarlos. Pero es desafiante y me llena de satisfacción ver cuando se logra, también es frustrante cuando no se logra.

El que quiere celeste que le cueste, yo quería una empresa grande y tuve que cambiar yo para que se pudiera lograr el sueño. Me recuerdo con frecuencia a mí misma que solo así se logra la meta de ser una gran empresa y trascender; lo otro hubiera sido quedar a merced de las posibilidades de una sola persona.

¿Cómo te imaginas en los próximos años? ¿Hacia dónde va el vínculo de Patricia con los colaboradores? Y si hay hoy algo que te gustaría modificar y por qué.

Yo quiero ser un nutriente para mis colaboradores. Una persona que está ahí para contribuir, no con un "haz esto así".

Quiero transmitir mi experiencia y aprendizaje. Y que sea recibido de la misma forma en que yo recibí los aprendizajes de tantos empresarios, profesores y colegas, y no con resentimiento o rechazo. Y también aprender de todos, con sus diversas perspectivas me muestran distintas maneras de ver las cosas.

En el futuro tengo que seguir haciendo que la gente crezca, que todas las personas que se relacionen conmigo reciban algo de mí, que aprendan a ser cuestionadores, a reflexionar sobre lo que les pasa y a no quedarse tranquilos con los éxitos, sino a perseguir más y más. Quiero que sean capaces de asumir responsabilidades de alto vuelo con nosotros o cualquier otra responsabilidad empresarial donde sea. Que haber estado cerca de mí no haya sido en vano.

¿Cuáles son los ingredientes o condimentos que hacen a una figura de liderazgo exitosa en la gestión con sus colaboradores? ¿Tiene que ver con la personalidad?

¿Liderazgo y/o personalidad? Es un tema muy controversial. El liderazgo en el vínculo con los colaboradores o el vínculo con los colaboradores o el vínculo aceptado, positivo, que es generador de resultados en la empresa no pasa tanto por los rasgos de la personalidad, pero sí mucho por los valores.

Yo juzgaba a las personas que no eran perfectas según mis códigos, cuando un jefe perdía la paciencia para mí ya era un jefe imperfecto. Eso me llevaba a valorar el liderazgo blando, el no querer incomodar a la gente con la verdad directa, por ejemplo.

Con el tiempo entendí que podían pegarse unos cuantos insultos e igual iba a ser querido por su gente, porque este vínculo no tiene que ver con las cosas superficiales, tiene que ver con algo más profundo, la seguridad que le hace sentir a la gente que estás a su lado o el respeto que les tienes, genuino.

Cuando las personas sienten que pertenecen a un conjunto de valores, sean positivos o negativos, que son trascendentes, el líder se vuelve una figura trascendente para ellos. O, dicho al revés, ejercer el liderazgo, trabajar el vínculo con las personas basado en valores tiene una profundidad que llega al corazón de la gente de otra manera.

Y eso se liga con lo que hablamos antes: ¿cuál es la propuesta de liderazgo? La persona, el ser. La forma en la que el líder vive dentro y fuera de la empresa, cómo piensa, qué transmite. Esa es la propuesta. Para mí, la relación entre personalidad y valores es así: valores cien, personalidad veinte.

Pensando en una persona que va a ser líder de un equipo, ¿qué alertas o recomendaciones le darías en relación

con la comunicación con los colaboradores?

Le diría que sea coherente con sus palabras y sus acciones, solo eso, autenticidad. Y que si es una persona coherente no sé si todos lo van a seguir, pero por lo menos los que lo sigan lo harán por las razones correctas y los que lo dejen, también.

Y así van a poder estar cerca de la gente que valora lo que él o ella es y no tener que pretender lo que no es, ni tampoco esperar que aquellas personas se queden molestas con el vínculo.

Y en lo que pretendas de los demás, en eso tienes que ser tú el ejemplo. El resto, es secundario.

¿Cómo se comunican o cómo te comunicas con el equipo?

Me comunico de varias maneras, a través de los canales formales de comunicación, las reuniones de directorio, las gerenciales, la reunión general, reuniones de equipos de trabajo; a pesar de que son reuniones formales con orden del día, mi estilo es no formal, como esta conversación. En esos espacios le doy su lugar al CEO o al que dirija la reunión, escucho y opino desde mi experiencia como directora o como profesional. Dedico siempre un tiempo a ponderar, agradecer, felicitar.

Fuera de eso surgen algunas necesidades de comunicación, como la necesidad de transmitir ideas, dar retroalimentaciones no pedidas, o decir no, en donde tengo que asegurarme de entender el momento, elegir las palabras, y eso me cuesta un poco porque me gana la ansiedad. Para mejorar la aceptación tengo unas frases hechas que uso, por ejemplo: "Cuando tengas tiempo quiero ver tal cosa", o "Entiendo que estén entusiasmados con esto, pero decidimos que no lo vamos a hacer por estas razones". La clave acá es respetar la autoridad concedida a las personas y ser todo lo participativa que sea necesario y todo lo directiva que haga falta, ni más ni menos.

¿Qué piensas que colabora en alcanzar los resultados y el compromiso de tu equipo? Con relación a tu comunicación.

La delegación es lo más importante. Tenemos la intención de delegar y les hacemos sentir eso. El equipo se empodera ante eso.

Desde mi posición de directora la comunicación va por varias vías, algunas más institucionalizadas que otras. Creamos expresamente estas vías y las trabajamos, buscando que tengan el sello de la organización más que el mío.

En Jobs hay un clima de pertenencia, muy bien cultivado por varios líderes de la organización, que la gente siente en su experiencia del día a día. Existe un orgullo bien entendido de ser los mejores, muy profesionales y con muchos valores. Sentirse respetados y valorados. Yo me encargo de hacerlo notar constantemente. En cada situación que lo amerita lo señalo.

Hay también una dosis de competitividad externa, como que les pica, de ganarle a este, de atraer para nosotros al cliente del otro y ese tipo de cosas, y también eso los ayuda mucho a sentirse comprometidos. Esto lo celebro y siempre remarco que queremos ganar, pero no a cualquier precio ni bajo cualquier regla. Transmito la idea de la ética profesional, empresarial y de cuidar el sector, entre curas no nos pisemos la sotana.

Tenemos un desayuno compartido mensual, donde todo el equipo se reúne presencial y virtualmente, y aprovecho para remarcar los valores, felicitar por los logros, dar entusiasmo y explicar los porqués de las cosas que hacemos.

Trabajamos mucho nuestras competencias cardinales y los valores con programas cotidianos, por ejemplo: la competencia "Primero el cliente" tiene un programa de visitas y conocimiento de los clientes, "Juntos es mejor", donde hacemos visible la importancia de trabajar en equipo y no cada uno por su lado. En cada tema no dejo de dar un toque, de estar presente, de alentar.

Y también tenemos un muy buen sistema de compensaciones y beneficios orientado al logro de resultados cualitativos y cuantitativos que los hace sentir que están en una gran empresa y pueden ser parte de esa grandeza. Con eso les comunico que compartimos lo que se logra con su trabajo.

Trabajamos en un lugar lleno de proximidad y de contactos, de vínculos, que se cultivan, de mucho cuidado a la gente.

Y yo no dejo pasar una sola oportunidad sin agradecer y decirles que ellos y ellas son Jobs.

Como contrapartida ¿qué piensas que atenta contra la llegada al compromiso y a los resultados del equipo o los dificulta?

Yo diría que el ser muy paternalista a veces atenta contra el logro del compromiso necesario para llegar a los resultados. Ser paternalista puede dar gusto, porque te hace ser muy querido por la gente y porque la gente no puede arreglarse sin ti… Y esa dependencia es un alimento para la autoestima, pero a la larga la gente no asume el compromiso porque haya alguien arriba que lo vaya a hacer.

El compromiso y el logro de los resultados es el producto de varias cosas; una es el liderazgo de los líderes de los equipos, la gente se va de las organizaciones por los líderes. La otra, son los incentivos que, si no están bien puestos, si no hay exigencias y proximidad, si no hay apoyo para el aprendizaje y la gestión, y fuerte conciencia de que estamos en una empresa que debe obtener resultados no se llega. No tiene que dar lo mismo. No hay que temer parecer muy orientados a los resultados, la gente valora mucho la transparencia y el sentirse parte.

Acá vale la pena dedicarle unas palabras al sistema de recompensas y los salarios emocionales. La gente quiere ser parte de una cultura agradable y productiva, pero también verse remunerada por ello. Eso es parte de la coherencia necesaria para que la gente se comprometa.

¿Cuál fue el momento en tu carrera profesional en que tuviste que tomar una decisión que te costó mucho definir? Si hoy te volviera a suceder, ¿lo definirías de igual manera?

Cuando mi primera socia se quiso retirar de la relación, para mí era un fracaso no poder retenerla y no hacer que ella quisiera evolucionar conmigo en el mismo sentido, frustración porque no podíamos compartir la visión. Me costó aceptarlo y encaminarme, desapegarme de ese pasado y buscar la solución.

Gracias a que pude desapegarme pude encontrar la salida de esa crisis, digamos que fue la incorporación del nuevo socio. Si me volviera a pasar lo haría tal cual, fue lo mejor que hice en mi vida profesional.

Mi socio y yo somos muy diferentes, nos complementamos mucho y construimos juntos una realidad que es mucho más amplia y mucho más diversa que si solo uno de nosotros estuviera mirando las cosas.

¿Qué mensaje final te gustaría dejarles a los lectores de tu testimonio?

Mucha tinta corrió ya para definir el liderazgo y seguirá corriendo porque esto es algo muy dinámico, pero estoy convencida que para ser un buen líder lo mejor es conocerse, mejorar sus rasgos negativos y entender a los demás, porque nada se logra sin la gente. Nada es más inspirador que una persona con dominio de sus emociones, coherente con sus valores y decidida a lograr grandes cosas. Y lo otro sería no se descuiden, todo lo que saben va a cambiar y tenemos que cambiar también nosotros reaprendiendo constantemente, los éxitos del pasado pueden ser tu peor enemigo. Pero la buena esencia, eso no lo cambien.

¿Hay alguna pregunta que no hice y que te hubiera gustado responder?

Me quedé un poquito más pensando en los temas de comunicación. Yo tengo algunas frases que repito y me caracterizan. Una de ellas es "Siempre podemos hacerlo mejor", que invita a mejorar todo lo que hacemos constantemente. Otra es "Esto no nos puede pasar a nosotros", con eso quiero decir que tenemos años de aprendizaje registrado en sistemas y procedimientos, y no podemos caer en cierto tipo de errores solamente por desatención o ingenuidad.

Y por último, una aprendida de uno de los líderes inspiradores que me influyeron: "Hay que tener espíritu de comprobación", con eso quiero decir que hay que revisar mucho nuestras creencias y cotejarlas con la realidad, preguntando, averiguando y sobre todo dudando. Recuerda que me guía la duda cartesiana.

Testimonio 5

Rosana Felice

Nacida en Buenos Aires en 1966, se graduó de médica en la universidad de Buenos Aires en 1990. Ejerció durante varios años la especialidad en Ginecología y Obstetricia, y más tarde se graduó también como especialista en Farmacología Clínica (UBA).

Trabaja desde 1988 en la industria farmacéutica, donde ha ejercido roles en áreas comercial y médica en compañías nacionales e internacionales. En los últimos años ha desarrollado acuerdos de cooperación público-privada en ciencias básicas entre entidades nacionales y la industria farmacéutica, orientados al desarrollo de nuevos medicamentos.

Actualmente se desempeña como directora médica y de Investigación y Desarrollo en Argentina para el cono sur de Latinoamérica en GSK (GlaxoSmithKline).

Ha ejercido la docencia en las áreas de Anatomía y Farmacología en la Facultad de Medicina de la UBA, así como en la materia Educación para la Salud en el Colegio Nacional de Buenos Aires (UBA).

Tiene un rol activo en la promoción del desarrollo de carreras profesionales para las mujeres, así como en aspectos de diversidad e inclusión en las organizaciones. Es mentora de carreras profesionales de mujeres y hombres, con roles ejecutivos a nivel local e internacional.

Graduada del Senior Management Program de la Universidad de San Andrés-ESADE Business School, Barcelona.

Está casada y es madre de tres hijos.

Gracias Rosana por tu tiempo. ¿Qué te gustaría contarnos de ti?

Soy una mujer profesional que trata de equilibrar las prioridades en la vida: familia, vida laboral, solidaridad y disfrute (incluido el que provee el trabajo). Empecé mi carrera muy joven, siendo aún estudiante de medicina, lo que me permitió construir una larga experiencia –32 años ininterrumpidos– en la industria farmacéutica. Mi primera especialidad, en la que hice residencia en un hospital público, fue Ginecología y Obstetricia. De esa etapa me fascinó la posibilidad de escuchar a las mujeres en todas las etapas de sus vidas, desde la adolescencia hasta edades avanzadas. Y mediante esa escucha, tratar de contribuir a su bienestar, acorde con las necesidades de cada etapa.

Paralelamente comencé a trabajar en la industria farmacéutica, que me atrapó por la posibilidad de intervenir en el desarrollo de nuevos medicamentos, desde su concepción teórica hasta su llegada a los pacientes. Inicialmente ejercí un rol comercial (agente de propaganda médica), que me enseñó mucho, y posteriormente roles de área médica. Luego me gradué en una segunda especialidad, Farmacología Clínica. Siempre trabajando en empresas farmacéuticas, nacionales primero y multinacionales luego. Desde hace 12 años tengo el rol de dirección médica y de Investigación y Desarrollo de una de las empresas farmacéuticas internacionales más destacadas del mercado, liderando un equipo de 60 profesionales.

¿Consideras que las mujeres tenemos las mismas oportunidades que los hombres en el desarrollo de nuestras carreras profesionales?

La situación se ha ido modificando, mejorando las oportunidades para las mujeres, aunque aún están subrepresentadas en la fuerza laboral, especialmente en los niveles de toma de decisión. En 2015 la proporción de mujeres en *C-suite* en el mundo corporativo era del 17% (McKinsey & Company and Lean In.Org Women, 2017), mientras que en 2019 llegó al 21%. Se ha avanzado en la reducción (aunque aún no la eliminación total) de los sesgos de selección en cuanto al género (edad/hijos/atribución de capacidad, etc.). Aún hay muchas oportunidades de mejora que deben ser abordadas por quienes toman decisiones en empresas y organizaciones, tanto hombres como mujeres. Es muy importante considerar las necesidades de cada etapa de la vida de la mujer; la posibilidad de horarios flexibles y, en el caso de maternidad, se debe ofrecer el apoyo necesario de modo de no tener que forzar a las mujeres a elegir entre la vida productiva y la reproductiva. También es importante analizar las razones por las cuales una menor proporción de mujeres llegan a puestos de decisión en entidades y empresas de ciencia y tecnología, tan críticas por lo que se espera de ellas en estos momentos. ¿Cuánto influye la educación primaria y secundaria en las elecciones de carrera entre hombres y mujeres? ¿Cómo entrenamos a las mujeres para que no se autoexcluyan de carreras técnicas y científicas, en las que podrían desempeñarse de un modo brillante? Creo que aún hay bastante trabajo por delante para que la distribución de oportunidades sea totalmente equitativa, pero, sin duda, la situación es mejor que hace apenas unos años.

Hay aquí, en este momento, un llamado de atención muy importante: la reciente pandemia de SARS-Covid-19 que está afectando el planeta, ha tenido un impacto negativo en el mundo del trabajo sin duda para ambos géneros, pero ha sido en las mujeres en quienes ese impacto fue mayor. La necesidad de brindar asistencia en el hogar, a niños y a personas mayores, el apoyo escolar a los hijos, la percepción de *burn out*, implicó que una gran proporción de mujeres consideraran dejar de trabajar, solicitar licencias prolongadas o reducir la carga horaria de trabajo. En un estudio reciente, el 8% de las mujeres reveló su intención de pasar de un trabajo a tiempo completo a tiempo parcial, mientras que solamente el 2% de los hombres expresó esa posibilidad (Mc Kinsey and Lean In, 2020).

Este evento tan disruptivo pone en riesgo la preservación del talento femenino en las organizaciones y, por lo tanto, los avances que fueron dándose a lo largo de los años podrían perderse en muy poco tiempo.

Bajo tu mirada, ¿las mujeres podemos hacer algo diferente para promover una mayor equidad en las organizaciones?

Sin duda. Las mujeres en roles de liderazgo funcionan casi naturalmente como *role model*, inspiran a otras mujeres a animarse. Esa influencia positiva debería ser aprovechada al máximo, por ejemplo, actuando como mentoras de otras mujeres. Y, por supuesto, cada mujer desde su rol en la organización puede actuar como vocera de los cambios que se necesitan hacia un trato totalmente equitativo. Incluyendo aquellos que involucran directamente a los hombres, como la licencia paga por paternidad (que implica también un notable beneficio para las mujeres, especialmente en el momento de reinserción al trabajo). No se trata de una lucha por oposición entre géneros, sino exactamente lo contrario: una colaboración para beneficio de todos.

¿Cuáles estimas que son tus mayores desafíos hoy en tu posición?

Los que derivan de un mundo impredecible, que cambia con rapidez, que nos obliga a adquirir nuevas habilidades técnicas y de liderazgo en plazos muy acotados, y últimamente en un contexto de comunicación casi exclusivamente virtual, no presencial.

¿Cómo percibes tu evolución personal con relación al vínculo con tus colaboradores? ¿Fue cambiando a lo largo del tiempo y con la experiencia?

Sí, los cambios se fueron dando naturalmente, de la mano de la experiencia en el management de personas y de la madurez personal. Algunas características de esos vínculos –las inherentes a cada persona, al estilo de relacionamiento– persisten a lo largo del tiempo. Otras, las relacionadas con habilidades técnicas propias y de los colaboradores, han ido adaptándose a los requerimientos cambiantes de las compañías y organizaciones.

¿Cómo definirías el estilo de comunicación que tienes como líder de tu equipo de trabajo?

Intento que sea claro, no "rebuscado", y al mismo tiempo firme y atento a la escucha. Trato de que todas las situaciones posibles que ofrecen las tareas se transformen en aprendizajes, especialmente vividos desde el/la colaborador/a. De modo que en la comunicación podamos reflexionar juntos sobre esos aprendizajes. Creo que la gente valora mucho ese aspecto. Es extremadamente importante callar para escuchar, aunque a veces requiera un esfuerzo de contención de la intención de intervenir. Otra característica importante es la calidez con la que nos aproximamos a las personas. Es central valorar todos los aspectos de la vida de las personas, no solo los laborales; todos tenemos muchos otros intereses y preocupaciones más allá del trabajo... Insistir en equilibrar vida y trabajo es un punto fundamental de la comunicación.

Pensando en tu comunicación con los colaboradores, ¿qué te resulta más fácil y qué más complejo versus años atrás?

- *Hoy lo que es fácil*: la mediación que ejerce la tecnología: múltiples formas de comunicación instantánea o diferida, herramientas para mejorar la productividad, etc.
- *Hoy lo que es difícil y complejo*: liderar en un contexto de gran incertidumbre. Tomar y comunicar las de-

cisiones apropiadas, en todos los aspectos, aunque no siempre se cuente con toda la información en el momento indicado. La situación de pandemia ilustra exactamente este punto.

- *Ayer, en el pasado, seis o diez años atrás, lo que era más fácil:* probablemente mayor proporción que hoy en día de interacción humana posibilitaba discusiones más amplias y profundas.
- *Ayer, en el pasado, lo que era difícil y complejo:* comunicar situaciones locales a equipos globales. La evolución del mundo hacia la globalización simplificó mucho esa limitación.

¿Cómo piensas que será la comunicación con los colaboradores en los próximos años?, ¿hacia dónde va a evolucionar?

Difícil predecirlo con exactitud, pero mi anhelo sería llegar a un saludable equilibrio entre una comunicación ágil mediada por la tecnología, y un contacto directo entre personas y equipos para evitar una sensación de "despersonalización" que impacte negativamente en la motivación para obtener los mejores resultados. Evolucionará hacia donde evolucione la sociedad (millennials y posteriores...), con marcada influencia de los nuevos estilos de comunicación que aporten las sucesivas generaciones.

¿Qué líder mujer te resulta admirable focalizando principalmente en su forma de comunicación y/o liderazgo?

Una líder política que me ha llamado mucho la atención es Jacinda Ardern, actual primera ministra de Nueva Zelanda. Tiene un manejo extraordinario de las situaciones de crisis, actuando con firmeza y rapidez, pero a la vez permaneciendo con sus mensajes claros muy cercana a la gente. Además concilia la formación de una familia con una tarea de altísima responsabilidad, seguramente generando en otras mujeres la percepción de que eso es posible.

Pensando en una persona que va a ser líder de un equipo, ¿qué alertas le darías con relación a la comunicación con sus colaboradores? ¿Qué no hacer en la comunicación?

Creo que algo que debemos hacer las mujeres al frente de equipos (mejor cuanto más diversos, por cierto) es abstenernos de la tentación de "maternar" a los colaboradores. Tal vez sea una característica cultural latina, que creo es importante reconocer y evitar. Los colaboradores no son nuestros hijos, y debemos mantener con ellos una relación amable y cercana, y a la vez muy profesional, con la distancia correcta para conducir el equipo.

En el mismo caso, ¿qué sí le recomendarías que tenga presente en su forma de comunicar como líder mujer?

Hablar siempre con honestidad, mostrando empatía hacia quien está dirigiéndose. Acompañar con gestos las palabras. Mostrar apoyo sin sobreactuación, y fortaleza, con una aproximación racional hacia los problemas y a la vez sensible hacia las personas.

¿Podemos hablar de un liderazgo femenino diferencial?

Creo que puede haber algunas características de liderazgo que por razones culturales se expresen más abiertamente en mujeres que en hombres. Tal vez un estilo de liderazgo colaborativo, más abierto a la búsqueda de consenso antes de la decisión. Pienso que no se puede generalizar en liderazgos femeninos versus masculinos. Los veo como complementarios, y es sano que se nutran mutuamente.

¿Cómo crees que influye tu comunicación como líder en la motivación de tus colaboradores? o ¿en qué medida la comunicación en un grupo ya comprometido facilita el alcance de los resultados de trabajo?

La forma en que comunicamos tiene un impacto directo e inmediato en el compromiso y la motivación de los equipos. Si la comunicación es escueta, limitada a lo técnico, sin mostrar el "para qué", probablemente se obtenga un resultado técnicamente aceptable. En cambio, cuando se comunica inspirando, explicitando un propósito, los resultados suelen ser extraordinarios.

¿Cuál fue el momento en tu carrera profesional en que tuviste que tomar una decisión que te costó mucho definir? ¿Por qué? ¿Nos podrías compartir cómo la resolviste? Si hoy te volviera a suceder, ¿lo definirías de igual manera?

Las ofertas de trabajo fuera del país. Son decisiones muy meditadas, y las mujeres sabemos que implican grandes cambios (así como oportunidades) a nivel personal y familiar. Hoy, a la luz de una mayor experiencia, creo que consideraría una decisión diferente.

¿Qué mensaje final te gustaría dejarles a los lectores de tu testimonio?

"Mis deseos son órdenes para mí", dicen que dijo Oscar Wilde en el siglo XIX. Creo en el valor del deseo; en ir a buscar las oportunidades y no dejarlas pasar cuando aparecen. Apoyarse en el valor del mérito propio y solicitar ayuda cuando se requiere. En definitiva, hacer brillar el potencial que tenemos, cuando nos desempeñamos en lo que nos conmueve y apasiona.

Testimonio 6

Carolina García Zúñiga

Carolina es socia de PwC Argentina.

Esposa de Diego y mamá de Agustina e Ignacio, que hoy tienen 17 años.

Es contadora pública en la Argentina. Revalidó su título de contadora en los Estados Unidos. Completó la diplomatura en Normas Internacionales de Contabilidad en la Association of Chartered Certified Accountants de Londres.

Actualmente está a cargo del Departamento Técnico y de Administración de Riesgos de PwC Argentina.

Fue seleccionada en 2017 para participar del programa de desarrollo de líderes globales del futuro de PwC.

Se especializa en la atención de clientes industriales y del área de energía, focalizándose en auditoría de estados financieros preparados bajo normas internacionales y americanas.

Fue docente universitaria y continúa siendo docente en foros técnicos de la profesión.

Como hobbies, le encanta jugar al tenis, cocinar y viajar.

Gracias Carolina por tu tiempo. ¿Qué te gustaría contarnos de ti?

Me llamo Carolina García Zúñiga, soy la mamá de Ignacio y Agustina (mellizos de 17 años), la esposa de Diego (con quien me casé hace 25 años) y socia de PwC Argentina. Me gusta resaltar los tres vértices del triángulo en el cual me muevo todos los días: FAMILIA-TRABAJO-YO. En algunos días el triángulo está balanceado y sus tres lados son iguales, y en otros días hay algún lado que tironea más. Pero lo importante es que en el mediano plazo (nunca en el largo) todos los lados estén en equilibrio.

Trabajo hace 28 años en PwC, una de las firmas de auditoría más grande del mundo. Ingresé a los 20 años, mientras estaba estudiando en la universidad. Con una dosis de mérito y esfuerzo más otra cuota de suerte, pude llegar a ser socia, que es la posición más alta dentro del mundo de los estudios, hace 12 años.

Lidero tres equipos de trabajo compuestos por entre 4 y 12 personas cada uno, todos con diversidad geográfica y cultural, ya que para cada servicio que brindamos a nuestros clientes conformamos equipos de trabajo específicos con especialistas para cada tema.

¿Consideras que las mujeres tenemos las mismas oportunidades que los hombres en el desarrollo de nuestras carreras profesionales?

No quiero responder en términos generales, sino que voy a responder sobre la organización que conozco: PwC Argentina. Como muchas organizaciones, PwC Argentina fue mutando y progresando en este tema. Cuando ingresé a PwC las mujeres éramos la minoría y hoy la relación es 50/50. Actualmente, las oportunidades de carrera profesional son iguales para el hombre y la mujer. Pero aún nos queda un camino por recorrer para intentar que la carrera de la mujer no sea un tema de agenda, sino que sea algo que se dé naturalmente.

¿Crees que las mujeres podemos hacer algo diferente para promover una mayor equidad en las organizaciones?

La equidad es un tema ético, no es un asunto ni de hombres ni de mujeres. Debemos ayudarnos entre todos cuando creemos que alguien no está promoviendo la equidad en la organización. En PwC fomentamos mucho el espíritu de coaching, incluso entre pares.

En mi caso personal, siento que he ayudado a mis pares a notar cuando han tenido alguna actitud que podría no ser equitativa, o al menos una actitud viciada por algún prejuicio. Del mismo modo, yo también he recibido esos "llamados de atención", porque como dije, todos tenemos la responsabilidad de promover la equidad.

¿Cuáles sientes que son tus mayores desafíos hoy?

En los últimos diez años, tuve la responsabilidad interna de gestionar los Recursos Humanos de la unidad de negocios de Auditoría. Auditoría es la unidad de negocios más numerosa de PwC Argentina, con casi mil personas. Fue un desafío ENORME y sumamente formador. Me había preparado toda la vida para la gestión "dura", y gestionar personas implica otro tipo de habilidades, que al comienzo afloraron tímidamente y luego "se aflojaron" y fluyeron con más naturalidad.

¿Cómo podrías describir tu evolución personal con relación al vínculo con tus colaboradores? ¿Fue cambiando a lo largo del tiempo y con la experiencia?

Mi evolución personal en el último tiempo cambió muchísimo. Antes, con las generaciones que eran más similares a la mía, la comunicación era mucho más natural, porque era el mismo estilo de comunicación que yo había recibido de quienes eran mis líderes, y entonces era algo casi absolutamente normal.

Con las nuevas generaciones tuve que aprender a que,

si antes le dedicaba a la comunicación un 30% de mi tiempo, ahora necesito dedicarle un 50%. Las nuevas generaciones, los chicos de 20, 25 años y más, requieren un mayor contacto con nosotros.

Y entonces necesito estar más cerca para conocer qué les pasa, por qué les pasa, qué sienten, contarles muchas más cosas de los proyectos que antes tal vez uno no les contaba. Pero no es que uno no les comunicaba porque les quisieras ocultar algo, sino porque no era algo atinente a lo que ellos estaban haciendo. Ni el líder sentía la necesidad de comunicarlo ni los colaboradores lo esperaban. Por el contrario, ahora necesitan tener una visión mucho más cercana, tanto en lo referente al proyecto como en cuanto a su futuro mediato dentro de la empresa.

Muchas veces, la vorágine del proyecto me sumerge en el hacer y hacer, y tengo que forzarme a parar para charlar con ellos, ver cómo están, qué necesitan, en qué puedo ayudarles, donde les aprieta el zapato... Lo que sí te puedo asegurar es que ¡me siento muy bien luego de esas charlas! Es increíble el ida y vuelta que se produce, el contacto con el otro es reconfortante. Y no es que siempre hablemos de "cosas lindas o halagadoras", a veces es necesario hablar de cosas que no salieron como uno quisiera. Pero claramente, el hablar en forma transparente y demostrando interés por el otro genera un vínculo fructífero que luego se percibe en el trabajo cotidiano, con lo que esa persona te devuelve.

Mi ejercicio cotidiano consiste en administrar el tiempo de una manera distinta, y encontrar un balance para no irme al otro lado. No sobreactuar la comunicación ni tampoco ignorarla.

¿Cómo describirías hoy el estilo de comunicación como líder de tu equipo de trabajo?

Mi estilo de comunicación es transparente como soy yo. Directo, frontal, sin rodeos, no oculto nada.

Tal vez siento que a veces necesitaría, en el caso de tener que comunicar cosas no tan buenas, que mi introducción y lo que la rodea tenga un poquito más de detalle en cuanto al contenido.

Me gustaría evolucionar mi comunicación y hacerlo es un gran desafío, lograr ser un poquito menos directa, que no sea una comunicación tan establecida y formal. Me cuesta mucho sacar la formalidad y transformarla en una cosa más cotidiana. En eso continúo trabajando. Siento que progresé mucho, pero aún hay un largo camino por recorrer.

Con mis colaboradores soy muy "maestra ciruela". Soy muy de sentarme, tomar una hoja, explicamos, hacemos un cuadrito, si pasara esto, si pasara lo otro, preguntar si lo entendieron, lo repasamos. Todo esto tal vez sean las cosas que más me elogian los colaboradores; que yo me pongo en ese momento a la altura de ellos y les explico. ¡Eso lo hago con total naturalidad! Por ejemplo, vamos a lanzar o comenzar un proyecto de cero, yo me paro, tomo una hoja, explico por qué el cliente nos pidió esto, por qué tenemos que hacerlo. En este punto, tengo una comunicación mucho más espontánea con mis equipos.

Hacemos un parate, vemos cómo estamos, cómo está cada uno, como se siente, qué siente que le falta. Tengo un estilo de comunicación más resolutivo, y de buscar llegar al objetivo.

Si bien en el trato tengo un modo directo, creo yo que soy muy razonable, muy comprensiva de las necesidades de las personas, pero en lo que hace a la comunicación de los objetivos de un proyecto, cuándo hay que hacerlo, cómo hay que hacerlo, en eso soy quizás bastante estructurada. Sí, me interesa escuchar todas las voces, les pregunto qué agregarían/quitarían, qué harían diferente, qué nuevas tecnologías podríamos aplicar y los invito a crear libremente sobre eso. Estoy convencida de que en el grupo todos suman, y que mi rol es facilitarlo e inspirarlos a hacerlo…

Hoy por hoy, estoy en el lugar donde claramente no soy "la que más sabe" del tema, pero sí puedo aportar para ayudar a que todas las ideas del grupo fluyan, sean escuchadas y entre todos tamizar y seleccionar las que llevaremos adelante.

Pensando en la comunicación con tus colaboradores a lo largo del tiempo ¿cómo la describirías?

Lo que es fácil hoy, no será suficiente en el futuro. Lo que hay que seguir haciendo es incorporar cosas nuevas.

Hoy está muy de moda eso de cómo hago para que mis objetivos personales se enmarquen en los objetivos de la organización, y a veces los objetivos personales van por un camino muy alejado de los objetivos de la organización. O tal vez no es que estén alejados, la organización también los tiene, pero los tiempos y los momentos son distintos.

Y te voy a dar ejemplos. Hay personas que te dicen: "Yo necesito no venir a trabajar martes y jueves porque estoy trabajando con una comunidad y vamos a ir a pintar escuelas martes y jueves". Y entonces hay que dedicarle mucho tiempo a que el equipo de trabajo o esas personas interpreten que eso no significa que los objetivos estén desalineados, sino que la empresa también tiene como objetivo contribuir a la comunidad, pero que hay objetivos laborales que están por encima de eso en la temporalidad que estamos manejando.

Iremos a pintar la escuela el sábado o el viernes, o cuando el proyecto haya terminado. Pero no el martes y jueves. Porque es algo que para mí es una obviedad; es como si mis hijos me dijeran que quieren dejar de ir a la escuela los martes y jueves para ir a pintar a un asilo de ancianos, que es muy válido, pero vamos a la tarde cuando termina la escuela.

Hoy estamos obligados a reflexionar, es nuestra responsabilidad como líderes. Si bien es difícil y complejo, hay que esforzarse en lograr que ambos intereses convivan.

Hay que hacerlo porque es evidente que las personas no van a estar a gusto en una empresa que no les permite balancear sus intereses personales con lo laboral.

Es un tema de negocio, y para mí, lo reconozco, es una lucha interna que tengo porque entiendo que es una demanda y hay que resolverla. Me es muy difícil de enfrentar este tipo de situaciones, cuando vienen demandas de ese orden y por otra parte, está el objetivo del *deadline* que hay que cumplir y no se puede.

Años atrás era fácil comunicar, porque era un monólogo. Nadie te preguntaba nada, podías decir lo que quisieras y no volvía nada. No era desafiante porque no volvía nada del otro lado, terminabas tu comunicación y no sabías si del otro lado había llegado el mensaje, cómo había llegado, cómo había sido percibido, si habías movilizado algo, porque en definitiva cualquier tipo de comunicación lo que busca es movilizar algo en la otra persona y ese algo puede ser positivo o negativo. Por lo tanto, como no volvía nada no sabías lo que había movilizado. La verdad, a mí no me gustaba, prefiero tener mi interacción con quien me estoy comunicando. Me gusta saber si se entendió, o no. Si se movilizó algo en el otro.

Siempre pregunto si les parece disparatado lo que estamos diciendo, les pregunto qué piensan. A mí me interesa mucho saber qué piensa el otro porque no necesariamente yo soy la dueña de la verdad. En un proyecto la decisión última es mía. Pero trato de tomar esa decisión habiendo escuchado qué piensan todos, porque siempre me pueden aportar puntos de vista diferentes. Y muchas veces, hago coaching con mis pares cuando tengo dudas sobre el camino a tomar. Como comenté antes, en PwC el coaching entre pares es un ejercicio permanente.

Antes no había nadie que se atreviera a decir algo distinto de lo que uno había dicho. Eso ha sido un cambio abrupto y muy positivo.

¿Cómo piensas que evolucionará nuestro liderazgo y nuestra comunicación en los próximos años?

El líder del futuro deberá resolver situaciones del entorno cada vez más complejas: temas ambientales y sociales. Todos ellos condicionarán el accionar de las compañías y es necesario preparar la cabeza y a la compañía para dar respuesta. Preparar a las personas para ser ágiles y versátiles, lo veo como una prioridad. La comunicación en esto será fundamental, no se podrá lograrlo si no hay transparencia y empatía en la comunicación.

¿Qué líder mujer te resulta admirable y por qué?

Me gusta mucho Angela Merkel: sencilla, inteligente, frontal, cálida cuando debe serlo y enérgica cuando la situación lo amerita, valiente para tomar decisiones, perfil bajo, mantiene sus costumbres cotidianas... Sin dudas, es diferente en el mundo de la política, mundo que en general es dominado por hombres.

¿Qué le recomendarías no hacer a una amiga que sabes que próximamente será líder de un equipo de trabajo?

Que no sobreactúe. Que no se ponga en el rol de "Bueno ahora soy el jefe y mando yo, y se terminó". Le recomendaría que no genere falsas expectativas en la otra persona en la comunicación, porque no hay que transmitir mensajes vacíos. Nunca comprometerse a algo que no está al alcance de uno resolver. Le recomendaría que no mintiera, que si hay algo que no puede decir que diga "Mira, discúlpame no te puedo comentar eso" por los motivos que fuere, que es perfectamente válido que haya cosas que no se pueden decir. Le diría que si uno no dice la verdad pierde la autoridad en cinco segundos, entonces eso jamás hay que hacerlo. Privilegiar honestidad y transparencia.

También le recomendaría que pida y que dé feedback, porque a veces uno piensa que dijo algo y que fue recibido de una forma, y no necesariamente es así. Le recomendaría que en la comunicación escrita se tome un tiempo, uno a veces manda un mail muy rápido, manda un chat muy rápido, para sacarse un tema de encima o porque está molesto por algo. Uno tiene que hacer una pausa y hacerlo después porque lo que uno responde en caliente el 95% de las veces va a salir mal.

Que dé feedback: a todos nos gusta recibir feedback y por supuesto más aún si es positivo. El reconocimiento a nuestros equipos de trabajo es importantísimo: engrandece a la persona, le genera más autoconfianza, lo invita a superarse. El reconocimiento honesto y concreto hacia el otro es una de las herramientas más poderosas del liderazgo. En eso las mujeres somos más expresivas que los hombres, ¡explotémoslo!

¿Cómo crees que influye tu comunicación como líder en la motivación de tus colaboradores?

Considero que influye el cien por ciento en la motivación de los colaboradores. Una persona que no recibe respuesta a sus necesidades de comunicación no va a rendir bien en la tarea que tiene que realizar, en la fidelidad con la empresa y con el equipo, no va a sentirse a gusto.

En la actualidad dedicarle tiempo a la comunicación con los equipos es clave, tanto para el éxito del equipo como para el éxito del trabajo. Hoy no existe la posibilidad de la no comunicación.

Yo trato de explicarles en la primera conversación cómo nos vamos a manejar al respecto, porque explicándole a la persona cómo será la comunicación, ella podrá manejar también sus expectativas.

Porque si la persona está esperando que le expliquemos cada microdecisión que vamos a tomar, y yo nunca le expliqué que no le voy a comentar cada microdecisión que vamos a tomar y por qué no le voy a explicar cada microdecisión, va a haber en esa persona un nivel de insatisfacción enorme.

En cambio, si la persona sabe que nos vamos a reunir cada viernes, vamos a hacer un mini *debriefing* de lo que pasó en la semana, la persona maneja sus expectativas. Y eso es importantísimo para que el equipo funcione. Después estarán los problemas propios de la comunicación, pero explicar qué es lo que uno va a comunicar y qué es lo que no, es clave.

¿Consideras que la buena comunicación colabora con el compromiso de tus colaboradores?

Sí, sin duda. El compromiso de las personas, a mi modo de ver, se ve afectado por tres factores. El primero, si la persona está haciendo algo que no le gusta. Porque si estás haciendo algo que no te gusta, difícilmente le vas a poner ganas. Número dos, si la persona tiene un líder que lo neutraliza. Yo siempre digo que hay líderes que te potencian y hay líderes que te anulan. O sea, si el líder que tienes te anula, su compromiso se va a ver amenazado. Y la tercera, si no te gusta la empresa en su conjunto en la que trabajas. Entonces el cien por ciento de la comunicación afecta al compromiso de las personas

En mi caso, yo soy una persona muy transparente. Tengo muchas personas que el día que se fueron de la empresa me dijeron: "Eres la única persona que me dijo que me faltaba desarrollar tal habilidad. Muchos me dijeron en qué era bueno, pero nadie me dijo qué me faltaba".

Ese mensaje no tiene que ser cruel, debe ser respetuoso y con fundamentos, de ese modo logramos dar un mensaje transparente para ayudar a la persona. Siento que eso es ser leal con las personas y con los objetivos de la organización.

¿Y en qué medida la comunicación con el equipo de trabajo facilita el alcance de los resultados del negocio?

Yo siempre transmito al equipo que el objetivo es llegar a alcanzar el objetivo del proyecto. No existe la posibilidad de no cumplirlo. Tenemos que trabajar con el objetivo de llegar. Por supuesto que en el camino se pueden presentar mil obstáculos, pero el objetivo debe ser ayudarnos entre todos a superar esos obstáculos y cumplir el objetivo.

Para lograrlo tratamos de hacer todo lo que haya que hacer y siempre el equipo tiene ese chip que hace que cuando detectamos un problema, en cuanto vemos algo, en cuanto percibimos que un miembro del equipo no está traccionando igual que el todo, se encienden todos los semáforos y los puntos de alerta para que podamos accionar.

Después, muchas veces puede que no lleguemos, no lo logramos siempre. Pero yo trato de que en la comunicación el logro del objetivgo esté siempre presente. No existe el hablar por hablar, sin pensar en que hablamos de cosas que contribuyen al logro del objetivo. Y a veces contribuir al logro del objetivo es entender qué le pasa a la persona, cómo está, qué necesita, qué siente, qué acciones no logra hacer como desearía.

Y si hay un miembro del equipo de trabajo que tiene un problema, que le pasa algo y necesita tiempo, ahí estaremos como equipo. A esa persona o le damos una responsabilidad menor para que pueda tener más tiempo para dedicarle a lo que se tenga que dedicar y vemos cómo reacomodamos las tareas. Eso es trabajar en equipo en pos de alcanzar el objetivo del negocio, respetándonos y dándonos sinergia. Y es nuestra responsabilidad como líderes hacerlo posible.

¿Cuál fue el momento en tu carrera profesional en que tuviste que tomar una decisión que te costó mucho definir? Si hoy te volviera a suceder, ¿lo definirías de igual manera?

Tomar la decisión de desvincular a un miembro del equipo de trabajo y efectuar esa comunicación fue un quiebre en mi vida profesional. Sentí que emocionalmente no estaba preparada. Y me afectó mucho, estuve noches sin dormir. Tuve que prepararme para poder lograr una buena comunicación en un momento que lógicamente es de mucha angustia para la otra persona.

Gracias a Dios no son situaciones que se presenten con mucha frecuencia, por lo que si tuviera que volver a hacerlo, debería pedir ayuda para transitarlo de la mejor manera posible.

¿Qué mensaje final te gustaría dejarnos?
Me gustaría repetir la frase que mencioné previamente: hay líderes que anulan y hay líderes que potencian a sus equipos... Debemos preguntarle a nuestros equipos qué clase de líder somos para saber si estamos en el rumbo que queremos o, en cambio, si es necesario tener la humildad de reaprender aquello que necesitamos y corregir la dirección.

Testimonio 7

Verónica Marcelo

Asumió el liderazgo de la operación de Natura en la Argentina durante 2020, en uno de los momentos de mayor incertidumbre de la historia, con el desafío de consolidar el liderazgo de la compañía en el mercado de belleza y venta directa con los mismos pilares que impulsa la marca desde sus inicios: relaciones, innovación e impacto positivo en las personas, las comunidades y la naturaleza.

Hace 17 años que Verónica trabaja en Natura, desarrollándose en diferentes cargos. Fue supervisora de ventas, gerenta y directora en diversas áreas, tanto en el país como para la operación regional. Lideró equipos de ventas; entrenamiento comercial para operaciones internacionales; marketing, relacionamiento y entrenamiento, y estuvo a cargo de todo el equipo comercial de Natura Argentina. Así, construyó un liderazgo genuino, basado en el diálogo y el conocimiento en profundidad del modelo de venta por relaciones o venta directa.

Verónica es mamá de dos hijos, está casada, estudió turismo, realizó un máster en negocios en la UTDT y especialización en Negocios Digitales. Conoce en profundidad la compañía y tiene plena confianza en la nueva etapa de crecimiento de la gran red de relaciones que forman parte de Natura.

Muchas gracias Verónica por tu tiempo. ¿Consideras que las mujeres tenemos las mismas oportunidades que los hombres en el desarrollo profesional de nuestras carreras?

En los últimos años estamos viviendo un cambio de paradigma inmenso y extraordinario en materia de género, y ya vemos que muchas empresas se están sumando a iniciativas en pos de la igualdad. Sin embargo, la radiografía del mundo laboral actual pone en evidencia que aún existen trabas y brechas en torno a las oportunidades que tienen las mujeres: aún trabajan más y ganan menos, les resulta mucho más duro crecer profesionalmente, ocupan escasos puestos de liderazgo y en muchísimos casos son víctimas de violencia. Es por eso que resulta sumamente importante trabajar y modificar estas trabas para generar igualdad de oportunidades y de desarrollo o crecimiento para las mujeres y para todas las minorías a partir de la construcción de políticas e iniciativas que contribuyan a un ámbito laboral más equitativo, con igualdad de oportunidades, respeto pleno por los derechos de la mujer y eliminación de los estereotipos.

Sabemos que aún queda un gran camino por recorrer en torno al tema, y como mujeres tenemos una gran responsabilidad que implica, por un lado, dar a conocer cómo logramos allanar esos caminos de equidad y participación y qué circunstancias hicieron posible los cambios que hemos logrado y, por el otro, habilitando, nosotras mismas, espacios para que las nuevas generaciones de mujeres puedan expresar qué necesitan y apoyarnos entre todas.

Bajo tu mirada, ¿las mujeres podemos hacer algo diferente para promover una mayor equidad en las organizaciones?

Absolutamente, pero es un trabajo conjunto, de toda la sociedad. Si bien es necesario que las mujeres nos involucremos en la causa y trabajemos juntas, fuertemente, para asegurar las condiciones que permitan que podamos tener el mismo nivel de participación en todos los niveles de sucesión y desarrollo de carrera, este es un trabajo que debemos hacer en conjunto con otros porque es un tema que nos compete a todos, es un cambio de paradigma social y que debe darse en todos los ámbitos.

La perspectiva de género, diversidad e inclusión son temas centrales para impulsar una verdadera transformación. Constantemente debemos, desde nuestro lugar de liderazgo, promover una cultura equitativa para que cada persona pueda ser quien es con libertad y trabajar en pos de un objetivo muy importante: la promoción de entornos, tanto internos como externos, en los que cada persona pueda desarrollarse profesionalmente y enriquecer a cada equipo desde su lugar con una mirada crítica y proactiva, participativa e involucrada.

¿Cuáles estimas que son tus mayores desafíos hoy como profesional?

Mi foco está puesto en nutrir a mis equipos desde mi lugar, en guiarlos y acompañarlos en el camino para, entre todos, lograr los objetivos que nos proponemos a nivel compañía. Busco ser una líder constructiva e integral, que respete y valore el aporte que todas las personas, que forman parte de Natura, tienen para dar. Quiero seguir aprendiendo día a día de los que me rodean y continuar construyendo sobre los pilares que hacen a Natura una empresa líder en venta directa. Mi deseo es que seamos un vector de crecimiento de la venta por relaciones y seguir apostando por el país, con nuevos proyectos, siempre aportando un granito de arena desde nuestro lugar y permitiendo que toda nuestra red de relaciones pueda desarrollarse íntegramente.

¿Cómo percibes tu evolución personal con relación al vínculo con tus colaboradores? ¿Fue cambiando a lo largo del tiempo y con la experiencia?

El liderazgo y el vínculo con los colaboradores va cambiando a lo largo del tiempo, sin lugar a dudas; uno evoluciona como persona y de la misma manera como profesional. Las experiencias vividas, las personas con las que uno interactúa van dejando una huella que uno indudablemente incorpora en sus vínculos y en sus acciones. Con el correr del tiempo, estas vivencias permiten que uno fortalezca su seguridad y pueda dejar de lado el sentimiento de "tener que saber todo". Sentirse seguro con uno mismo permite poder escuchar más, acercarse más a los colaboradores y en consecuencia ser más empático e impulsar el diálogo. Es necesario dejar de lado el ego y saber que uno por sí solo no puede lograr ninguna transformación, que es imposible tener todas las respuestas y que se aprende solo del intercambio con otros. Ser líder es formar equipos en los cuales cada persona que lo integra sienta que tiene la libertad de desarrollar todo su potencial, que tiene el espacio de manifestar sus opiniones y que serán escuchadas.

Como líder, la actitud de eterno aprendiz es lo que permite asumir conscientemente las oportunidades de desarrollo y, por otro lado, la actitud de ser protagonista de las decisiones y elecciones que se van tomando y la responsabilidad de los resultados que obtenemos.

¿Cómo definirías el estilo de comunicación que ejerces como líder de tu equipo de trabajo?

Pienso y trabajo la comunicación como una construcción con el otro, como un proceso que nos permite enriquecernos y nutrir miradas, que nos abre un mundo de posibilidades y nos da la oportunidad de transmitirle a nuestro equipo la motivación necesaria para movilizarse a la acción. Es una herramienta muy poderosa que nos invita a la puesta en común, nos abre las puertas a un trabajo en equipo empático, participativo y con pluralidad de voces. Todos los días me comprometo a impulsar una comunicación abierta entre todos los miembros de los equipos, es la manera de nutrirnos mutuamente y ganar en nuevas miradas e ideas. Desde mi perspectiva, ese ida y vuelta es una de las mayores riquezas.

¿Cómo piensas que será el liderazgo en los próximos años?, ¿hacia dónde va a evolucionar?

Creo que es un trabajo de todos los días, que se va nutriendo y todo el tiempo estamos aprendiendo nuevas formas de hacer, es un proceso dinámico, en constante evolución. Cada vez aprendemos más del trabajo con el otro, entendemos la importancia de nuestro rol como motivadores y acompañantes de nuestros equipos y somos conscientes de lo que ellos nos van enseñando en la vida diaria a nosotros como líderes. Es como una pared en construcción, en la que siempre vamos descubriendo nuevos ladrillos que aportan y nutren este camino.

Creo en un liderazgo integral con propósito; con gran capacidad de escucha y de generar espacios que se adapten a las personas para que puedan desarrollar su máximo potencial. Liderazgos que se van formando y nutriendo de la visión de otros, desde un lugar de escucha y empatía, entendiendo que debemos involucrar tantas miradas como sea posible y eso nos otorgará un valor agregado a la hora de tomar decisiones.

Líderes cercanos con energía y actitud para movilizar a sus equipos a generar transformaciones con impacto. Líderes que fomenten el equilibrio de las personas, que sepan comunicar los "para qué" y, por lo tanto, den tranquilidad.

¿Qué le recomendarías que tengan presente? ¿Consideras que podemos hablar de un liderazgo femenino diferencial?

Un líder, para ser integral, debe contemplar y tener presentes determinadas cuestiones que hacen a su rol. Entre ellas, podemos destacar el ser consciente del contexto que lo rodea, teniendo la habilidad de ser flexible para incorporar nuevas formas de hacer en pos de afrontar todos los desafíos que se le presenten. Los vínculos y las redes personales también son un punto esencial a tener en cuenta, así como la capacidad de componer equipos, fomentar el desarrollo de las personas, los intercambios entre ellas y generar ambientes propicios para el diálogo constante y la pluralidad de ideas. Es clave entender que los logros solo se conquistan en conjunto con otros, trabajando en equipo, inspirando a otros y movilizándolos a la acción. Como líderes debemos abrazar la vulnerabilidad y aprender que no tenemos todas las respuestas. Para poder hacerlo, la comunicación será nuestra gran aliada, ya que solo podremos impactar en el otro por nuestra capacidad de transmitirle la energía y el entusiasmo que necesita para movilizarse. Debemos ser capaces de contarles a nuestros colaboradores el porqué y el para qué de nuestras decisiones y de la importancia de su rol dentro de la compañía.

Con respecto a si hay un diferencial en el liderazgo femenino, personalmente creo que la diversidad y la pluralidad de ideas y de miradas son las que enriquecen el todo. Las mujeres particularmente somos grandes conciliadoras y aportamos mucho en ese sentido a nuestros equipos. Es una realidad que somos la primera generación que impulsa a las mujeres a ocupar posiciones de liderazgo, algo que antes no se daba con tanta frecuencia. Sin embargo, como dijimos antes, queda un largo camino por recorrer porque aún no estamos representadas equitativamente en las organizaciones. Nuestra responsabilidad como líderes mujeres es sentar las bases para seguir inspirando a otras a sumarse a la causa. Debemos escuchar las necesidades que tenemos y construir desde la búsqueda de consenso, facilitando espacios que generen equidad de oportunidades.

¿Cómo crees que influye tu comunicación como líder en la motivación de tus colaboradores?

La comunicación es esencial en la motivación de cualquier equipo. La misma, en todas sus formas, refleja lo que el líder es y busca y, de la misma manera, dentro de cualquier organización es un reflejo de su propia cultura. Así, la coherencia entre los valores que pregona un líder y su forma de actuar, y por ende, de comunicar, es un factor clave en la motivación de los colaboradores para que se movilicen a la acción. Un líder que actúa con coherencia resulta confiable para los que lo rodean, y así es más factible que las personas lo sigan y se sientan seguros de las decisiones que el líder toma y del porqué de las mismas.

También es importante ser conscientes de que los colaboradores están motivados por el reconocimiento. Reconocer implica ver a la persona, valorar lo que hace, saber lo que hace y cómo lo hace. Reconocer es también saber por lo que la persona está atravesando, tener un interés genuino por su desarrollo y crecimiento; por eso es fundamental que los líderes generemos espacios de diálogo con cada uno de nuestros colaboradores por separado para intercambiar ideas y compartir conocimientos y expectativas. Estos espacios generan un valor agregado a nuestros equipos, y escuchar es el primer paso para una buena y motivante comunicación con ellos.

¿Crees que la buena comunicación colabora con el compromiso de tus colaboradores? ¿En qué medida? ¿Por qué?

Por supuesto. El colaborador generalmente se compromete cuando trabaja entendiendo el porqué y el para qué de su trabajo, entendiendo el impacto que sus acciones generan, y eso solo lo sabrá y lo reafirmará con una buena comunicación, con un líder que le transmita la importancia de su rol en la organización y cómo aporta al todo. Un líder que reconoce constantemente los avances de su equipo y que también puede detectar oportunidades de desarrollo, acompañando y facilitando espacios de crecimiento será un líder constructivo que genere la confianza necesaria para abrir un canal de diálogo de doble vía.

¿Y en qué medida la comunicación en un grupo ya comprometido facilita el alcance de los resultados de trabajo?

La comunicación hace al compromiso de un equipo, y estando todos los colaboradores comprometidos se facilita, sin lugar a dudas, el alcance de los resultados esperados porque ellos se sienten identificados con los valores y propósitos de la compañía. Cuando un equipo está comprometido con los objetivos a alcanzar y entiende el para qué de esos fines, se motiva a entender el contexto en el que actúa para identificar las oportunidades que él mismo puede aportar, pone su potencial en encontrar soluciones y respuestas, y busca cocrear, priorizando esos objetivos conjuntos por encima de todo y entiende que, de conseguirlos, él también estará creciendo y nutriéndose en el proceso.

¿Cuál fue el momento en tu carrera profesional en que tuviste que tomar una decisión que te costó mucho definir? ¿Por qué? ¿Nos podrías compartir cómo la resolviste? Si hoy te volviera a suceder, ¿lo definirías de igual manera?

La decisión que más me costó tomar fue cuando comencé a trabajar en Natura, hace ya 17 años. Cuando me postulé para la posición de Supervisora de Ventas, muchas dudas vinieron a mi cabeza. Era una empresa que me gustaba pero a la vez, era para una posición en la que no tenía experiencia, en una industria que no conocía en detalle. Muchos interrogantes surgieron en ese momento, como: ¿era capaz de liderar un equipo? ¿Podría aprender a hacerlo? ¿Sería capaz de equilibrar mi vida personal con la profesional? ¿Cómo podría organizar todo pasando tanto tiempo fuera de casa, teniendo hijos tan chicos? La realidad es que nunca había trabajado antes "por objetivos" y me preguntaba constantemente si sería capaz de sostener esa presión. Pero finalmente, lo que me impulsó a avanzar fue poner, por encima de mis miedos, las ganas de aprender y la convicción de que si no lo intentaba nunca iba a saber si era capaz de hacerlo. Puse encima de mi ego la posibilidad de que quizás las cosas no salieran como yo esperaba y no tendría vergüenza de que eso pasara. Puse por encima de las barreras mis ganas de desarrollarme personal y profesionalmente.

Toda elección o decisión implica renuncias y desafíos. Hoy, 17 años después, sé que en mi caso fue la decisión correcta, a lo que renuncié fue menor de todo lo que aprendí. Y hoy estoy orgullosa de haber dejado de lado mis miedos en pos de animarme a hacer algo que me desafiaba.

¿Qué mensaje final te gustaría dejarles a los lectores de tu testimonio? ¿Hay alguna pregunta que no hice y te hubiera gustado responder?

Algo que me gustaría resaltar es que el mundo en el que vivimos, que se caracteriza por una vorágine e incertidumbre constantes, que nos plantea el desafío de convivir con las distintas crisis, necesita que seamos líderes coherentes, que no significa ser perfectos; líderes capaces de escuchar más y de comunicar con claridad y firmeza, promoviendo la colaboración y dejando de lado el ego personal, siempre invitando a aprender de otros y dejando huella con nuestro trabajo diario.

Olivia Olmedo Herrera

Como CXO en OLX Autos México, Olivia es responsable de garantizar las interacciones positivas de los clientes con la organización y mejorar sus experiencias, comunicar la propuesta de valor que ofrece la empresa, así como predecir futuros caminos de los usuarios.

Olivia está a cargo del área de Marketing, Contact Center, Innovación y Desarrollo de Nuevos Negocios, cuidando todos los aspectos relacionados con la atención y satisfacción de las necesidades del cliente, que implican operaciones, sistemas de información y procesos de maduración hacia los clientes, en los que considera a la tecnología como aliado imprescindible para lograr la diferenciación.

Con más de quince años de experiencia en el área comercial y de planeación estratégica, ha colaborado en diversas industrias de empresas líderes como: Grupo Bimbo, Televisa, Google, Nine West, Vix y Grupo Schibsted, entre otras, donde contribuyó exitosamente en el desarrollo de conceptos y cumplimiento de objetivos comerciales.

Su energía y liderazgo han sido pieza fundamental para la transformación de las unidades de negocio que antes conformaban Frontier Car Group (FCG) y dar paso a la oferta de valor de OLX Autos en México.

Su visión estratégica, su gran capacidad de negociación y de ejecución han sido clave para reunir y desarrollar sólidos y exitosos equipos de trabajo. Olivia es licenciada en Relaciones Internacionales por la Universidad Nacional Autónoma de México.

Actualmente es representante de México en el comité de Diversidad e Inclusión ante OLX Grupo.

Una de sus más grandes aficiones personales es viajar y conocer diferentes culturas. Olivia, además, es mamá y una apasionada de la cocina mexicana, que califica como divertida, exótica y muy diversa, capaz de enamorar a cualquier comensal.

Muchas gracias Olivia por tu tiempo. ¿Consideras que las mujeres tenemos las mismas oportunidades que los hombres en el desarrollo de nuestras carreras profesionales?

Pese a que la sociedad y el entorno laboral han evolucionado mucho en los últimos años, definitivamente no me parece que las oportunidades sean las mismas para hombres y mujeres, si bien no hay indicadores concretos que lo midan. Una manera de evaluarlo es simplemente echar un vistazo a los niveles de participación de las mujeres en los llamados C-levels o puestos directivos, que son mucho más bajos que el caso de los hombres.

Es un hecho que la participación de las mujeres en la actividad económica cada día es más representativa, pero si hablamos de puestos clave, de posiciones que toman decisiones, especialmente en algunos sectores, como en tecnología, industria pesada o financiera, por mencionar algunos, la desigualdad aún es considerable. Además, en México todavía existe una brecha salarial promedio entre hombres y mujeres de hasta 25%, según cifras reportadas por el INEGI (Instituto Nacional de Estadística y Geografía México).

Bajo tu mirada, ¿las mujeres podemos hacer algo diferente para promover una mayor equidad en las organizaciones?

Totalmente. Creo que lo primero que nos toca es poner el tema en la agenda directiva, concientizar lo importante que es contar con un equipo de liderazgo heterogéneo y promover activamente que exista mayor equidad de género como factor enriquecedor de la diversidad y lo que eso implica.

Hay que reconocer que para que la política de igualdad en las organizaciones se viva y se promueva debe venir desde arriba; es decir, permear los ámbitos directivos para que sea verdadera y más rápida la adopción de la equidad en todos los niveles.

Si bien la igualdad en el terreno profesional, desde mi punto de vista, sugiere que existen las mismas oportunidades para hombres y mujeres, es importante mencionar que hay varios factores para hacer más equitativo el ambiente laboral, y así las mujeres logren un desarrollo profesional que las lleve a asumir mayores responsabilidades. Uno de los aspectos prácticos que nos toca favorecer como líderes son los esquemas de trabajo flexibles que ayudan a conjuntar las responsabilidades familiares con el desarrollo y crecimiento profesional.

La clave es orientar los esfuerzos al logro de objetivos claros que permitan evaluar o promover a las personas según sus aptitudes, capacidades, resultados y contribuciones, no basándose en una visión tan limitada como el sexo o el género.

¿Cuáles estimas que son tus mayores desafíos hoy como profesional?

La adopción de la tecnología en el entorno laboral en pro de ser más eficiente, el entendimiento y manejo de la data a fin de tener el máximo entendimiento del entorno y de nuestro negocio para la toma de decisiones.

Otro reto actual es tener o desarrollar las llamadas *soft skills* o habilidades de adaptación e inteligencia emocional. Me parecen estas aptitudes cada vez más importantes para hacer frente a los desafíos actuales, donde la incertidumbre y el cambio son la constante, y hay que dar resultados sobre la marcha. El entorno exige profesionales que sean flexibles, adaptables, curiosos, proactivos y con grandes habilidades como líderes para trabajar en equipo y generar alianzas estratégicas.

Creo que a los grandes desafíos que enfrentamos constantemente, como lograr mayor equidad en las sociedades, hoy se suman retos de contingencia que nos exigen ser más visionarias que nunca.

¿Cómo percibes tu evolución personal con relación al vínculo con tus colaboradores? ¿Fue cambiando a lo largo del tiempo y con la experiencia?

Sin duda, durante estos casi treinta años que tengo de

carrera profesional mi estilo de liderazgo y la forma en que me vinculo con colaboradores y colegas ha evolucionado. Aunque debo confesar que en esencia tengo convicciones que permanecen hasta la fecha y se vuelven parte de un "sello personal"; por ejemplo, mantener un alto nivel de exigencia y llevar un diálogo franco, directo y honesto. Si bien eso puede crear un poco de tensión en algunos momentos, se trata de un estilo que me ha llevado, junto a mis equipos, a buenos resultados y hacer que las cosas sucedan.

Recordemos que una responsabilidad que asumimos como líderes es la de crear realidades. Por eso para mí es importante rodearse de gente muy capaz, con iniciativa, que proponga y también que asuma liderazgo; reconozco que me gusta estar al tanto de todo, y sí, soy de las personas que cuidan los detalles.

¿Cómo definirías el estilo de comunicación que ejerces como líder de tu equipo de trabajo?

Trato de que sea democrático y participativo; sin embargo, creo que como líder de un equipo debes mantener apertura en tu estilo de comunicación y dirección para adaptar tu liderazgo a las diversas situaciones, características y necesidades del equipo, del entorno y del momento en que se encuentra la organización. Hay personas que requieren más acompañamiento y dirección que otras.

Respecto al estilo de comunicación, busco que sea abierto y directo. Aunque sé que es difícil seguir mi paso, porque soy extremadamente apasionada ¡y en ocasiones me obsesiono con un proyecto dedicándole muchas horas! Pese a todo, trato de mantener la apertura para escuchar opiniones y siempre busco aprender de los demás e incorporar las buenas ideas.

Una virtud que puedo reconocer que tengo, y me ha sido muy útil en toda mi carrera, es que sé identificar a las personas talentosas. Sé reconocer las buenas ideas, lucho por que las personas brillantes se luzcan y tengan proyección. Me gusta dar el crédito a quien corresponde y me encanta poder contribuir al crecimiento profesional de los demás.

Pensando en tu comunicación con los colaboradores, ¿cómo piensas que será en los próximos años? ¿Hacia dónde va a evolucionar?

La tecnología ya está incorporada a nuestra forma de contacto diario, así que cada vez serán más los mensajes cortos, los documentos compartidos de colaboración, los proyectos elaborados en coautoría, las reuniones a través de plataformas digitales, con todas las ventajas y desventajas que implica esta dinámica.

Sin embargo, considero que la comunicación interpersonal es una de las que más favorece y fortalece la creación de vínculos estrechos, además crea ambientes más creativos y colaborativos. Como líder de equipos diversos donde tienes varias generaciones, es súper importante mantener un diálogo efectivo con todos para lograr las metas, así que la clave es usar el canal adecuado para enviar y recibir información en tiempo y forma.

En el futuro creo que es previsible que la comunicación virtual evolucione incluso por medio de hologramas. Creo que la comunicación con mi equipo seguirá siendo directa, clara y honesta, pero por supuesto cada vez más estratégica, global y mediada por la tecnología.

¿Qué líder mujer te resulta admirable focalizando principalmente en su forma de comunicación y/o liderazgo? ¿Nos podrías compartir por qué la elegiste?

Yo admiro a cada una de las mujeres que en su ramo rompe paradigmas y ha destacado, sea cual sea el ámbito. Cada día he ido sumando más a mi lista de favoritas, y de todas aprendo porque me inspiran para crecer y evolucionar.

Confieso que desde mi propia casa he tenido grandes ejemplos de mujeres líderes, uno de ellos sin duda es mi abuela materna, quien con un estilo suave pero muy firme siempre supo guiar a toda su familia y logró sembrar bases sólidas de un legado que permanece; pese a que ella ya no está, su ejemplo mantiene unida y solidaria a la familia, generación tras generación.

Si hablamos de mujeres en la historia, siento una especial admiración por las mujeres que realizaron el movimiento sufragista a principios del siglo XX. Su objetivo fue conseguir el derecho al voto de las mujeres inglesas, y así mejorar las condiciones laborales y sociales en busca de la igualdad. Me parece que es un movimiento muy importante que demuestra, más que un deseo puesto en práctica, una realidad transformadora: una norma jurídica con un impacto multiplicador a nivel global. De hecho, permitir el voto de forma libre a las mujeres me parece que nos cambia la historia y nos da una voz para poder participar en cualquier ámbito. Nos da fuerza para manifestar de una forma tangible nuestra postura ante temas que impactan en toda una sociedad en diferentes ámbitos, y eso, aunque no sea perfecto aún, me parece invaluable.

Pensando en una persona que va a ser líder de un equipo, ¿qué alertas le darías con relación a su comunicación / su liderazgo?

Algo muy importante es no darse por vencido, no rendirse nunca, aun cuando la realidad se pinte negra; un líder puede cansarse, frustrarse, pero no rendirse.

No castigarte o ser muy dura contigo cuando te equivoques; vale equivocarse, lo que no vale es no aprender del descalabro.

No ayuda "casarse" con un plan, en estos tiempos lo único que está garantizado es que no hay nada garantizado, por lo que no podemos dar por hecho nada, ni descartar ninguna posibilidad.

Suena a cliché, pero es una realidad: no debemos tomar las críticas como algo personal, siempre habrá personas que difieran de nuestro punto de vista, y lo mejor es escuchar, validar, y si no tiene sentido, olvidar y pasar a lo que sigue. No vale la pena detenerse en lamentaciones y reproches. También vale discutir y enojarse, pero pasado el momento, hay que seguir y dejar el pasado, no llevarlo cargado contigo.

En el mismo caso: ¿qué sí le recomendarías que tenga presente?

Confiar en tu capacidad y creer que tienes la misma oportunidad, derecho y talento para realizar grandes cosas.

Ser auténtica, honesta y congruente en tu forma de actuar, aunque esto en ocasiones haga perder algunos puntos de popularidad.

Asegurarse de que cada tarea tenga un responsable y una dirección clara hacia dónde ir, para optimizar tiempos y ser eficiente.

Escuchar tu voz interior. No sé si la voz femenina es más fuerte que la masculina, pero sí puedo decir que a mí particularmente la intuición me ha ayudado a tomar decisiones en momentos en los que no tenía disponible toda la información completa que me hubiera gustado para elegir y salir airosa.

Hay que tomar riesgos, riesgos calculados, pero hay que tomarlos y arriesgarse aunque te equivoques, esto es parte de tu evolución y del proceso de aprendizaje.

Ser curiosa. Debemos cuestionarnos y preguntar: ¿por qué?, ¿para qué? ¿Hay otra forma de hacerlo?, ¿tú qué piensas?, ¿qué pasa si...?, etc. Creo que cuestionar debe ser parte de nuestro proceso de mejora continua, así como para nuestra evolución profesional y personal.

¿Cómo crees que influye tu comunicación como líder en la motivación de tus colaboradores?

El poder que ejerce un líder en sus colaboradores o en sus colegas es real; de hecho, una de las responsabilidades que conlleva una posición de liderazgo es la de buscar que, a través de la motivación y no de la coacción, las personas lleguen a dar su máximo esfuerzo y saquen todo su potencial.

He tenido la suerte de haber colaborado con personas que han encontrado su camino y se han desarrollado profesionalmente de forma increíble, y saber que tuve algo que ver es de verdad muy inspirador también para una misma.

Sin embargo, también he vivido casos en los que no ha sucedido así, y quizá yo no supe ser la líder que requería esa persona en ese momento, eso pasa. En esos momentos también uno debe hacer un trabajo de introspección para revisar qué pasó y cómo evitar en el futuro esa circunstancia o cómo poder manejarlo de una mejor manera. Te puedo decir que esos momentos de introspección sobre aprendizajes y fallas te hacen crecer más que muchos otros donde todo fluye perfecto. Lo importante es ser humildes, aceptar tu participación y aprender la lección.

¿Crees que la buena comunicación colabora con el compromiso de tus colaboradores? ¿En qué medida? ¿Por qué?

Definitivamente. Una buena comunicación es la base para crear alianzas y generar compromisos sólidos. Un mensaje claro y consistente, que mantenga congruencia entre el decir y el actuar es tan poderoso que puede transformar el destino a nivel personal y profesional, no solo de cada persona, sino de la organización en general.

Un equipo motivado y alineado siempre avanza mejor y más rápido hacia el logro de los objetivos corporativos. Compartir la visión y el enfoque con los integrantes de un equipo crea una atmósfera de confianza que favorece el sentido de pertenencia, donde todos quieran dar su máximo y ser parte del éxito; así como de las soluciones, cuando por momentos las cosas no caminen como se tiene planteado.

¿Cuál fue el momento en tu carrera profesional en que tuviste que tomar una decisión que te costó mucho definir? ¿Por qué? ¿Nos podrías compartir cómo la resolviste? Si hoy te volviera a suceder, ¿lo definirías de igual manera?

En todos estos años han habido varios momentos que yo considero claves para mi desarrollo profesional, muchos ligados a mis cambios de industria o ramo profesional. Los primeros 12 años de mi carrera fueron en el área comercial de productos de consumo masivo y de la industria de la moda, atendiendo el canal de retail con marcas líderes como Grupo Bimbo, Químicos Allen o Nine West. En ese entonces la participación de las mujeres en el canal era casi nula, no llegábamos ni a 10 las mujeres a nivel gerencia.

Justo cuando el modelo empezó a cambiar y se automatizó la atención a proveedores, me invitaron a colaborar en la industria de la publicidad de medios masivos, también en el área comercial.

Yo no tenía ni idea de cómo comercializar publicidad, sin embargo, creo que lo manejé bien, llegando a convertirme en la directora comercial de Televisa Radio durante cinco años.

Luego, las empresas empezaron a lanzar sus plataformas y contenidos digitales, eso era algo muy nuevo y muy difícil de comercializar. Suena increíble, pero en un comienzo pocos apostaban a esos productos, sin embargo, a mí me pareció un cambio novedoso del cual yo quería aprender.

Considero que incursionar en el ambiente digital, la decisión que tomé hace más de doce años fue una de las más acertadas aunque difíciles en su momento. Es más fácil mantener una posición "segura" que ya conoces, en una empresa sólida y no arrancar desde cero en una industria nueva, como era la digital, súper dinámica, donde hasta la fecha hay que ir aprendiendo y desaprendiendo porque está en constante transformación.

Si hoy tuviera que elegir, creo que decidiría igual. A mí me apasiona, me motiva ver cómo la industria digital está transformando todos los ámbitos. Es por ello que el proyecto en que actualmente participo me gusta tanto. En OLX Autos ayudamos a nuestros clientes, a través de la tecnología, a comercializar autos usados de una forma fácil y segura con solo un click. Hacer posible eso, mejorar la forma en que las personas hacen las cosas, me gusta.

¿Qué mensaje final te gustaría dejarles a los lectores de tu testimonio?

Para finalizar, me gustaría dar las gracias a todas las mujeres y los hombres que se esfuerzan cada día por tratar de lograr cambiar positivamente sus entornos y reducir la brecha de desigualdad entre hombres y mujeres.

No importa su edad, no importa el género, el rango que ocupen en una organización, el grado de estudios, la industria a la que pertenezcan o el nivel socioeconómico, todos podemos contribuir a mejorar las condiciones de la vida en que nos desarrollamos y disminuir la discriminación, así como la desigualdad.

Aprovechemos los espacios existentes, construyamos otros nuevos que inviten a la reflexión y al cambio.

Teresa Piraino

Nacida en Buenos Aires en 1971.

Casada con Christian, madre de Belén y Federico.

Graduada de contadora pública en 1993, cuenta con un programa de desarrollo directivo, posgrado en Lavado de Activos y certificación en Compliance.

Trabaja en Banco Galicia desde 1992, se desempeñó como gerenta del área comercial y llegó a ser gerenta zonal de la Banca Minorista.

Actualmente se desempeña como gerenta de Prevención de Lavado de Activos, Riesgo Operacional, Riesgo Reputacional y Prevención de Fraudes.

Participa como docente en el programa de Actualización sobre Prevención Global de Lavado de Activos y Financiación del Terrorismo de la facultad de Derecho de la Universidad de Buenos Aires y en el programa de Actualización en Compliance de la misma universidad.

Le gusta jugar al tenis y viajar con familia y amigos.

Gracias Teresa por tu tiempo. ¿Qué te gustaría contarnos de ti?

Soy Teresa Piraino, tengo 48 años, estoy casada y soy mamá de Fede y Belu.

Trabajo en el Banco Galicia hace 27 años.

Inicié mi etapa laboral cuando estaba terminando mi carrera de Contadora Pública Nacional con la expectativa de tener alguna experiencia en un área de finanzas para especializarme luego en impuestos.

En esa época era una persona bastante tímida, pero descubrí, trabajando en el área comercial, que me manejaba muy cómoda relacionándome en ese sector y con los clientes, así que transité mis primeros años en áreas comerciales.

A los 25 años tuve la oportunidad de ser gerenta de una sucursal donde mi primer desafío fue, siendo muy joven, tener gente a cargo que duplicaba mi edad, experiencia y conocimiento. Mi aporte era darle una mirada distinta de hacer las cosas y recibí del otro sus conocimientos, experiencia, aciertos y caminos recorridos.

Después de haber estado en áreas comerciales y de haber sido gerenta zonal, me proponen como desafío trabajar en el área de riesgos.

Fue una experiencia enriquecedora ya que me permitió abandonar la zona de confort en la que me manejaba y en la que venía con buenos resultados para empezar de cero.

En lo profesional puse a prueba la versatilidad y la capacidad para aprender; para describrirlo, siento que era como empezar en un nuevo trabajo pero con la ventaja de conocer la cultura de la empresa y los equipos de trabajo.

Venir del mundo comercial, de manejar más de veinte sucursales y de gerenciar lo que no ves, a trabajar en el área de Prevención de Lavado de Activos fue un enorme desafío para aprender, y a su vez era una oportunidad que no podía dejar pasar.

Luego de un año aparece un nuevo desafío, y era entender y posicionar lo que debería ser un área de *compliance* dentro de una entidad financiera, área que en algunos bancos la llaman Gerencia de Cumplimiento, pero eso sería limitarle y cercenarle al área el marco de actuación.

En poco tiempo surge un nuevo desafío que es trabajar en los riesgos operacionales del banco y en la prevención de fraudes.

Empecé a conocer el otro lado del banco. Ya conocía el del producto final de cara al cliente, ahora el foco y la misión era ver los procesos, los procedimientos, desafiarlos para buscar agilidad y robustecerlos.

¿Consideras que las mujeres tenemos las mismas oportunidades que los hombres en el desarrollo de nuestras carreras profesionales?

Nunca viví el tema de ser mujer como una limitante en mis objetivos profesionales.

La mujer puede aportar diversidad, y tiene espacio. También es importante mencionar que es una decisión personal y profesional, y como todas las opciones implica poner en equilibrio los distintos frentes, especialmente el laboral y el familiar.

Creo que los valores personales y los de la empresa tienen que estar alineados, que sin eso es difícil aportar un diferencial en la gestión, y trabajar en equipos en donde prime la colaboración, el entusiasmo y el alto rendimiento.

¿Crees que las mujeres podemos hacer algo diferente para promover una mayor equidad en las organizaciones?

Creo que la búsqueda de la equidad es responsabilidad de todos, y que en el marco profesional y personal la mujer aporta diversidad, y los avances han sido enormes. También creo que las nuevas generaciones tienen una mentalidad abierta, innovadora y que no se limitan, valen las ideas, no hacen distinción de sexo, edad ni jerarquías, y es muy importante darles apoyo ya que creo que eso potencia el crecimiento de las personas. Dando lugar a la capacidad por encima de todo, pueden discutir ideas, son libres de expresarse y tienen argumentos y propuestas sólidas; el desafío es darles el espacio y aprender mutuamente.

¿Cuáles sientes que son hoy los mayores desafíos en tu posición?

El primer desafío es trabajar en colaboración, empoderar a los equipos y lograr que las cosas sucedan.

El reto es transformar un área de riesgos para que no sea el *stopper* o el que frena iniciativas, sino que sea el área donde en forma conjunta evaluamos cuáles son los riesgos que podríamos estar teniendo y con cuáles nos sentimos cómodos y estamos dispuestos a aceptar.

El principal desafío es, mediante la comunicación y la concientización para crear una cultura de riesgos, ser facilitadores y habilitadores en las áreas de negocio y de experiencia de los clientes.

Lo aspiracional es que el área de riesgo sea recordada porque agrega valor, identifica los riesgos y tiene la capacidad de buscar un equilibrio entre riesgo y retorno.

¿Cómo vivencias tu evolución personal en relación con el vínculo con tus colaboradores? ¿Fue cambiando a lo largo del tiempo, en base a la experiencia?

Sin duda el paso del tiempo generó madurez, seguridad por el camino recorrido y tranquilidad frente a la incertidumbre y a los nuevos rumbos o desafíos.

Si tengo que decirte qué fue lo que generó el cambio lo resumiría en una palabra, y es el feedback constructivo que recibí a lo largo de mi recorrido en la empresa, y eso funciona si quien lo da es generoso y quien lo recibe lo vive con escucha y como un puente para tomar mejores decisiones.

Mi objetivo era ser gerenta zonal, en ese momento no había mujeres y yo quería llegar a esa posición.

Ha sido una gran experiencia porque me permitió entender cómo trabajan, qué le podía aportar al grupo y me permitió trabajar con una mirada distinta de la que yo traía.

Siempre me dieron un tratamiento en donde me sentía libre para opinar y ser escuchada. Pude aprender y compartir espacios únicos, y lo recuerdo como un momento de enorme desafío y de gran crecimiento.

¿Cómo describirías el vínculo con los colaboradores?

Antes era más formal, más exigente, desde el respeto, y hoy quiero liderar desde el ejemplo; la gente te sigue cuando das el ejemplo, haces aportes de valor y escuchas a tu equipo, a los usuarios y a los clientes.

Cuando considero que hay decisiones que son importantes las discutimos y buscamos desafiar el resultado final o la propuesta, y es algo que nos caracteriza como equipo.

Los equipos destacan que soy clara, doy el ejemplo y puedo guiarlos hacia donde tenemos que enfocar los esfuerzos.

Si hacemos un buen trabajo, el día que pueda ir a otro desafío dejaremos posibles cuadros de reemplazo, y eso de alguna manera describe el líder que me gustaría ser, un líder con el cual la gente puede aprender, desafiarse y crecer.

Siento que de alguna forma devuelvo lo que recibí en estos más de veinte años en cuanto a formación, capacitación y oportunidades de desarrollo.

¿Cómo definirías el estilo de comunicación que tienes como líder con tu equipo de trabajo? ¿Te sientes a gusto con tu estilo de comunicación?

Trato de conectar con la gente, no voy con un mensaje, termino y me voy; trato de ver qué le pasa al otro, entender el impacto al momento de comunicar. Generar un vínculo distinto basado en la confianza hace eficiente la comunicación.

Con los equipos soy clara y sé hacia dónde quiero ir, es algo que suelen valorar en los feedback que recibo.

Al comunicar, siempre lo hago con respeto, mirarlos es parte de ese respeto y de entender qué comunicamos cuando hablamos, cuando callamos y con nuestro lenguaje corporal.

Cuando incorporamos nuevos integrantes, agendo reuniones para conocerlos, entender sus motivaciones y sus objetivos, y busco comprometerlos para que encuentren nuevas formas de hacer las cosas.

¿Cómo es tu modo de comunicarte con tus colaboradores?

Yo los escucho, y cuando me dicen algo les dedico tiempo, la puerta está abierta, creo que comunicamos en todo lo que hacemos, y estar abierto es el primer paso para crear cercanía y buena comunicación.

Me parece importante conocer sus problemas o situaciones, y siento que ellos también se interesan por mí.

Si estás viendo algo que no tiene que pasar, no puede quedar en ti o en un sector.

Hay que generar espacios para traerlos a la mesa para que lo discutamos, empoderar y explorar posibles soluciones.

En mi comunicación, uso el deporte, ya que combina disciplina, perseverancia, objetivos y resiliencia.

Pensando en la comunicación, siempre respecto de los colaboradores, ¿qué tono o estilo tiene ese vínculo?

Mi tono de comunicación es asertivo, puede parecer imperativo. A mi tono de voz lo describo como seguro, alto, se escucha a una persona que sabe hacia dónde ir.

Comunico con el cuerpo y con mi mirada, ya que siempre busco conectar visualmente cuando hablo.

Digo lo que pienso y lo que siento, no sé si tengo tan elaborado lo que quiero comunicar, creo que pierde naturalidad y eso disminuye la escucha.

Continuando con la comunicación con los colaboradores, hoy lo que es fácil...

Para mí hoy es fácil hablar con la gente, decirles lo que pienso, decirles para dónde deberíamos ir, contarles adónde va la organización o lo que yo percibo en términos de qué va a ser un banco dentro de los próximos años, hacia dónde deberíamos ir, qué cosa deberíamos estar trabajando hoy, para estar en cinco años en una *pool position*; para mí eso es fácil.

Hoy lo que es difícil y complejo...

Hoy me resulta difícil no pedirles varias cosas.

Trato de tener reportes directos, curiosos, analíticos, con ganas de transformar y mejorar lo que recibimos y fundamentalmente resilientes.

Tiempo atrás, ¿qué te era más fácil comunicacionalmente con tu equipo y qué más difícil?

Me resultaba más sencillo comunicar objetivos o proyectos que teníamos asignados.

Pero, en el pasado me faltaba conectar con los equipos y con las personas generar compromiso, y lo que me resultaba difícil era que no tuvieran dudas o comentarios para hacer.

Después, a partir del feedback uno empieza a cuestionarse: "¿Estoy generando el espacio para que el otro se sienta cómodo?, ¿tendrá que ver con la audiencia?, ¿tengo que hacerlo con audiencias más homogéneas?". Y ahí empecé a trabajar desde otro lado la comunicación. Y logré resultados y conversaciones muy ricas.

¿Cómo te imaginas que va a ser en los próximos años la comunicación con tus colaboradores? ¿Para qué lado va a mutar? ¿Qué fortaleza vas a necesitar enfatizar, qué vas a tener que aprender?

Sigo pensando que mi espacio de mejora es continuar trabajando en mi estilo de comunicación. Buscar que sea más distendido sin perder claridad y precisión, pero convocando desde un estilo más natural.

Si proyecto la comunicación, tiendo a pensar primero que la gente se comunica menos, pero cuando sigo profundizando esa primera idea me animo a concluir que lo que ocurre es que se comunica distinto.

Nos comunicamos por las redes, en cualquier horario y con cualquier persona independientemente del lugar físico en donde estemos, y creo que es una revolución interesante para transitar, estudiar y tomar los beneficios de esta nueva forma de comunicarnos.

Es traerte un montón de *input* para poder mejorar lo que haces.

¿Qué líder mujer, nacional o internacional, política, artística, empresarial, la que prefieras, admiras por su estilo de comunicación?

Me resultó interesante escuchar a Isela Constantini.

Me parece que es clara, tiene un lenguaje simple y sencillo, su tono de voz es pausado, transmite seguridad y certeza, y a su vez resulta firme si lo cree conveniente en sus presentaciones.

Su estilo de comunicación me lleva a pensar en una mujer ordenada, que sabe lo que quiere, administra bien los tiempos y las palabras, es clara. Me dio esa sensación, también que es expeditiva y ejecutiva.

¿Qué le recomendarías evitar hacer a una amiga que próximamente será líder de un equipo de trabajo?

Que no deje de escuchar cuando comunica, que no deje de conectarse con sus colaboradores cuando comunica.

Que no deje de leer los silencios, porque son respuestas que tienen que ver con inspirar a tus colaboradores para que te digan lo que piensan.

Y ¿qué es lo que sí le recomendarías que tenga presente?

Que perciba lo que es la diferencia entre la escucha activa y la escucha educada, te presto el cuerpo pero estoy en otro lado, y que se entrene para poder comunicar.

Le diría que busque naturalidad en la comunicación, espontaneidad, que en su equipo busque gente distinta ¿Por qué? Porque te complementa, te hace ver otra cosa, porque genera que tengas otro tipo de comunicación.

¿Cómo influye tu comunicación como líder en la motivación de tus colaboradores?

La forma de comunicar de un líder la relaciono directamente con la motivación del equipo y, como consecuencia, con sus logros.

Particularmente soy una líder orientada a resultados a partir de las personas, y considero que la comunicación influye notablemente en su motivación.

Comunicar es convocar, comprometer, desafiar, es un disparador de acciones y si eso no motiva no se logra transformar.

¿Cuál fue el momento en tu carrera profesional en que tuviste que tomar una decisión que te costó mucho definir? Si hoy te volviera a suceder, ¿lo definirías de igual manera?

Lo más difícil fue comunicar a una persona con la que crecí y compartí crecimiento personal y profesional que dejaba de ser parte del equipo.

Creo que no cambiaría la forma pero sentiría que es parte del rol, por lo cual lo viviría de una forma distinta.

¿Qué mensaje final te gustaría dejarles a los lectores de tu testimonio?

La importancia y el impacto en el comunicar es muy importante y atraviesa la vida personal, profesional y emocional, y dejar como reflexión cuánto tiempo le dedicamos a aprender a comunicar y a entender el impacto de lo que comunicamos y cómo lo hacemos.

Silvina Rodríguez Pícaro

Autora, conferencista, emprendedora. Fundadora de SRP Communication & Brand Design, SRP Healthcare Communication y SRP Interactive, entre otros emprendimientos.

Especialista internacional en Marketing y Comunicación Corporativa con más de veinticinco años de experiencia. Coautora de un best seller –222 Claves para hacer negocios en Internet *– y de varios libros y artículos profesionales. Con sedes en Buenos Aires y Miami, viaja por toda América asesorando desde* start-ups *hasta corporaciones globales.*

Es diseñadora gráfica (UBA), máster en Comunicación Institucional (UCES), y posee un MBA en Marketing (USAL-SUNY). Es jurado de los premios Eikon, SAMF, Young Ones ADC (NY) y One Club (NY). Participa en el Comité Ejecutivo de Women United (United Way) y es mentora de Endeavor.

Su trabajo ha sido reconocido con más de cien premios y distinciones nacionales e internacionales.

Gracias Silvina por tu tiempo. ¿Qué te gustaría contarnos de ti?

Desde hace algunos años mi pasión es capacitar emprendedores y *start-ups* utilizando mi experiencia de trabajo con corporaciones globales. Los ayudo a escalar y alcanzar objetivos de marketing con mayor rapidez. Doy charlas, conferencias y capacitaciones en lugares tan diversos como Singapur, Dubai, Miami, México o Buenos Aires.

¿Consideras que las mujeres tenemos las mismas oportunidades que los hombres en el desarrollo de nuestras carreras profesionales?

Es una pregunta interesante. Durante años ni siquiera me cuestioné si ser mujer me ponía en un lugar de inferioridad de oportunidades en mi desarrollo profesional. Me concentré en trabajar y en dar todo lo que podía, sin preguntarme, sin cuestionar. Sin embargo, con la perspectiva que te dan los años, me doy cuenta de cuánto más difícil es el camino para las mujeres, no solo en el mundo corporativo o como emprendedora (que es el camino que yo elegí), sino muchas veces dentro del lugar menos pensado, que es dentro de nuestras propias familias. Las nuevas generaciones de mujeres están mucho más atentas y confío en que no van a dejar pasar las injusticias tan fácilmente.

Bajo tu mirada, ¿podemos las mujeres hacer algo diferente para promover una mayor equidad en las organizaciones?

¡Claro que sí! Las mujeres tenemos que ser las primeras promotoras de otras mujeres. Ayudando a nuestras pares nos ayudamos a nosotras mismas ¡y a las próximas generaciones! Tenemos que ser mentoras y *mentees*, promotoras y promovidas, de, por y para otras mujeres. En este sentido, me encanta la frase de Madeleine Albright (primera mujer Secretaria de Estado de los Estados Unidos durante la presidencia de Bill Clinton), quien dijo: "Hay un lugar en el infierno para las mujeres que no apoyan a otras mujeres...". Creo que es quien mejor describe que el problema muchas veces parte de nuestras pares y no siempre de los hombres.

¿Cuáles estimas que son tus mayores desafíos hoy como profesional?

En este momento mi mayor desafío es guiar a mi empresa y a mi equipo hacia un nuevo modelo de trabajo, mucho más flexible, mucho más moderno. Lo estamos haciendo desde el comienzo de la pandemia y estamos muy conformes con los resultados que vamos alcanzando. A veces pienso que sin darnos cuenta llevábamos años preparándonos para esta crisis. El trabajo remoto, trabajar por objetivos y poder dar un servicio 24/7 para nuestros clientes, cuya mayoría son corporaciones globales. Estamos dando servicio *non stop*, cruzando husos horarios y atravesando distintas culturas, es un desafío que nos encanta y siento que ¡vamos bien!

¿Cómo percibes tu evolución personal con relación al vínculo con tus colaboradores? ¿Fue cambiando a lo largo del tiempo y con la experiencia?

Cuando eres un emprendedor es difícil encontrar mentores y muchas veces replicas lo que ves en otras compañías. Yo veía empresas con estructuras piramidales y eso fue lo que en un principio de mi carrera como emprendedora traduje en mi empresa.

Hoy tengo claro que las estructuras piramidales no sirven al modelo de negocio innovador en el que trabajamos, son obsoletas y arcaicas. Nuestro esquema de trabajo es el de una red dinámica y flexible, acorde con la economía digital en la que interactuamos.

Como jefa, soy una persona asertiva y exigente. Empiezo por ser exigente conmigo misma y reconozco que es difícil seguirme el ritmo. Con los años aprendí a escuchar cada vez más a mis instintos y a elegir muy bien a mis colaboradores.

Pienso que esa es la clave. Al final del día, uno es el promedio de las personas con las que se rodea. Y estoy convencida de que el equipo es siempre mucho más poderoso que el más inteligente de los individuos.

¿Cómo definirías el estilo de comunicación que ejerces como líder de tu equipo de trabajo?

Como te comentaba, pienso que ejerzo mi liderazgo de una manera asertiva. No doy vueltas y digo lo que pienso. Pero siempre dejo la puerta abierta para escuchar otras perspectivas. Acepto que las personas podemos equivocarnos y soy la primera en reconocer el error cuando ocurre. Me encanta inspirar a la gente, generar nuevas ideas y dar vida a los sueños trabajando en equipo.

Pensando en tu comunicación con los colaboradores, ¿qué te resulta más fácil y qué más complejo versus años atrás?

Hoy lo más fácil es hacer contacto con alguien casi instantáneamente. WhatsApp, Skype, Zoom, es increíble el poder que tenemos en la yema de los dedos para interrumpir a los demás y también para ser interrumpidos.

Sin embargo, en las relaciones humanas lo más difícil sigue siendo la empatía. Tener la habilidad de poder mirar a través de la mirada de otras personas, de ver lo que ellos ven, sentir lo que sienten y de poder sentir la vida desde otra perspectiva. La empatía es el súper poder que genera el verdadero *engagement* con las personas.

Por otra parte, la legislación laboral es obsoleta y poco competitiva. Nada tiene que ver con el mundo digital y con lo que se necesita para poder prosperar. Perjudica tanto a los colaboradores como a las empresas. Es un sistema que pide a gritos actualizarse, especialmente en la Argentina.

Y continuando en la línea de tu comunicación con los colaboradores, ¿qué te resultaba más fácil y qué más complejo años atrás?

Es una visión muy personal, pero siento que sumar gente joven al equipo era mucho más fácil antes. Percibo una generación bastante impaciente que está muy enfocada en saber qué hay para ellos y muy poco enfocada en demostrar todo lo que puede dar.

Mientras que, por mi trabajo siempre me tocó viajar mucho, y en el pasado era muy difícil trabajar a distancia, me acuerdo lo complicado (y costoso) que era hasta un simple llamado telefónico internacional, que hoy hacemos gratis por WhatsApp.

¿Cómo piensas que será en los próximos años? ¿Hacia dónde va a evolucionar?

Estamos evolucionando hacia un mundo cien por ciento digital, en el que el mundo del trabajo tal como lo conocemos va a dejar de existir. La inteligencia artificial (AI) es una realidad que nos ofrece muchas oportunidades, pero también nuevos desafíos. Pienso que el gran desafío va a ser la reconversión de muchas personas, para poder seguir siendo relevantes en el nuevo sistema, y la inclusión de las personas más vulnerables.

¿Qué líder mujer te resulta admirable focalizando principalmente en su forma de comunicación y/o liderazgo? ¿Podrías compartir por qué la elegiste?

Me encanta Sara Blakely, una emprendedora extrovertida que fundó Spanx, a partir de su necesidad como consumidora y creó un imperio de la nada. Una líder inspiradora, que comparte sus experiencias con mucha generosidad y no se guarda nada.

Y como personalidad, en las antípodas, me gusta Angela Merkel, siento que es una líder íntegra, una persona sencilla, que hace lo que cree mejor para su gente y lidera con el ejemplo. Dentro del mundo de la política también me inspira Jacinda Ardern, la primera ministra de Nueva Zelanda, una líder práctica e inteligente que salvó a su pueblo de la pandemia. Le dio al mundo una clase magistral en comunicación de crisis al abordar tanto los aspectos humanos como los económicos y evitando las consecuencias de la pandemia del coronavirus. Su pueblo la reconoció con la reelección y una victoria electoral por amplia mayoría.

Si tuvieras una amiga que comienza su camino como líder de un equipo, ¿qué alertas le darías con relación a su comunicación o a su liderazgo?

¡No al silencio! A cualquier líder le diría que comunique todo lo que pueda, que comparta su visión, sus expectativas y el rumbo. Y que periódicamente comparta los KPI (*Key Performance Indicators*). La gente necesita saber cómo se están cumpliendo los objetivos y necesita la información de primera mano. Pero lo más importante que le diría es que sea auténtico/a. Ser auténtico no es siempre el camino más fácil, pero al final del día es el que da los mejores resultados. Todos en un nivel inconsciente sabemos distinguir la autenticidad, ¡y eso vale!

Otro punto que aprendí con los años es a no pedirle "peras al olmo". Un buen líder tiene que conocer bien los talentos, así como las fortalezas y las debilidades de cada uno de sus colaboradores, para pedir y esperar del otro solo lo que sabe que el otro puede dar. Saber entender a los individuos y ayudarlos a que desarrollen su máximo potencial es lo mejor que un líder puede hacer por su gente. Es clave que nadie se frustre en el camino.

¿Consideras que podemos hablar de un liderazgo femenino diferencial?

¡Claro que existe un estilo de liderazgo femenino!

Pienso que las mujeres somos muy eficaces para crear equipos de trabajo, organizar tareas y para tomar decisiones, sobre todo en momentos de crisis. En general, somos buenas administradoras y eso se nota en los resultados. Como en todo, hay buenos y malos líderes, y no me tiembla la voz al decir que muchas mujeres líderes, al igual que muchos hombres líderes, me han desilusionado. Es parte de la condición humana.

Pienso que la gente se fija mucho más en lo que haces que en lo que dices. Yo me considero una hacedora, alguien capaz de llevar las ideas al plano de la realidad por el camino más corto. En ese sentido, el pensamiento proyectual, que ahora llamamos Design Thinking, es una guía casi innata que utilizo entrenando a mi equipo permanentemente. Pensando de lo general a lo particular, viendo primero el bosque, luego el árbol, y después el detalle en la hoja del árbol, es así como construimos desde el plano de las ideas hacia la realidad, y siempre lo hacemos en equipo.

Sin duda, la buena comunicación es la clave de todo éxito. La gente necesita saber hacia dónde está yendo, hacia dónde la están guiando. La misión del líder es ayudar a visualizar, y sobre todo a creer en sí mismo y en la capacidad del equipo. Es imposible construir lo que no se ha imaginado.

¿Cuál fue el momento en tu carrera profesional en que tuviste que tomar una decisión que te costó mucho definir? ¿Por qué? ¿Podrías compartir cómo la resolviste? Si hoy te volviera a suceder, ¿lo definirías de igual manera?

En general, no me cuesta tomar decisiones. Sin embargo, siento que hubo puntos de inflexión en mi carrera en los que necesité de muchísimo coraje.

El primero fue cuando decidí decir que no a un tentador trabajo que me interesaba mucho en el diario La Nación, que me había propuesto Juan de Álzaga, mi entonces jefe y director de Marketing del diario, un profesional al que yo admiraba y del que aprendí mucho. Me di cuenta de que si tomaba el camino corporativo nunca cumpliría el sueño de tener mi propia empresa. Nunca sabré lo que me hubiera deparado ese camino, pero en aquel momento sentí que tenía que seguir mi instinto porque ese trabajo me iba a alejar de mi sueño.

Otro momento importante fue luego de la crisis del 2001 en la Argentina. Nuestra empresa había quedado en una situación muy complicada financieramente, porque el dinero que teníamos por cobrar se había devaluado en un 75% y el trabajo se había frenado a casi cero. En los últimos años nuestro equipo había crecido mucho e íbamos a tener que despedir a la mayoría de los colaboradores. En ese momento, la solución más simple hubiera sido ir a la quiebra. Sin embargo, con mi socio decidimos jugarnos todo y apalancarnos en el equipo. Salimos a buscar otros mercados, y fue así, como casi de la nada, abrimos una sucursal en Estados Unidos y al poco tiempo estábamos trabajando para compañías globales, viajando por toda América y llevando trabajo a nuestra oficina en Buenos Aires. Fueron años difíciles, pero salimos adelante y pudimos darle a nuestra empresa el perfil internacional que ahora tenemos y por el que nuestros clientes nos buscan.

Otro punto de inflexión, está siendo, sin duda, la crisis del coronavirus. Nunca olvidaremos este 2020. Creo que lo que hicimos inteligentemente fue reconvertir nuestra forma de trabajo desde el primer momento y luego ayudar a todos nuestros clientes a que puedan reconvertirse y salir adelante. Tal como te enseñan en los aviones, primero te pones la máscara de oxígeno y luego ayudás a los demás.

¿Qué mensaje te gustaría dejar a nuestros lectores?

Estamos viviendo en un punto de inflexión en la historia de la humanidad. La pandemia ha resultado un poderoso acelerador de tendencias, decisiones y cambios, que ya estaban presente pero que aún no se habían consolidado. Este no es un momento para nostálgicos que sueñan con volver a la "normalidad" anterior. Eso no va a ocurrir. El mundo está yendo en otra dirección y en nosotros está el poder para crear un futuro del que nos guste participar.

Hace años que vivo en el clima tropical, y ya he presenciado muchas tormentas y huracanes. He visto la fuerza de la naturaleza que hace que todo cambie en un instante. Admiro la forma en que las palmeras con su flexibilidad infinita resisten y renacen. Ser adaptables y flexibles al cambio son valores fundamentales para cualquier líder, y más aún en esta época. Enseñar y aprender a trabajar en forma colaborativa nos va a ayudar a potenciar el talento de nuestros equipos y alcanzar mejores logros.

Me despido con la frase de Charles Darwin: "En la larga historia de la humanidad (y también de la especie animal) han prevalecido aquellos que aprendieron a colaborar e improvisar con mayor eficacia. No es la especie más fuerte, ni la más inteligente la que sobrevive". En este sentido, soy muy optimista y siento que a la humanidad en su conjunto le va a ir bien. Estamos viviendo un momento único, con un cambio de comportamiento, masivo, global, sincronizado y a alta velocidad. Algo sin precedentes. Nos estamos adaptando y estamos aprendiendo.

Testimonio 11

Carolina Sabbha

Carolina es COO (Chief Operating Officer) para las agencias de medios del holding Havas Media Group.

Actualmente está a cargo de la gestión integral del negocio de medios. Se especializa en la atención de clientes y medios, podríamos decir que su principal fortaleza es la de construir relaciones a largo plazo, basadas en la confianza y transparencia, confirmando un estilo de liderazgo muy centrado en el capital humano.

Lidera un equipo de profesionales con amplia trayectoria en el rubro, focalizándose en el servicio y producto con el objetivo de generar conexiones significativas entre las marcas y las personas, a través de la data, los medios y la innovación.

Como hobbies, le encanta planificar viajes para disfrutar en familia.

Gracias Carolina por tu tiempo. ¿Qué te gustaría contarnos de ti?

Mi nombre es Carolina Sabha, 42 años, publicista. Soy mamá de tres hijos: Tomás, de 12; Santiago, de 8 y Paz, de 5. Estoy casada con Diego Menutti, publicista también. Es más, nos conocimos trabajando juntos. Me siento muy afortunada de trabajar en lo que me apasiona y mi mayor orgullo es mi familia.

Desde los 18 años que trabajo en agencias de medios. Actualmente ocupo el cargo de COO en Havas Media Group, donde estoy desde 2005, desarrollándome desde la negociación de medios, hasta llegar a Head of Trading & Value, tomando a cargo los crecientes equipos de trading en plataformas digitales (DV360 Google, Social Media FB/IG y Programmatic).

¿Consideras que las mujeres tenemos las mismas oportunidades que los hombres en el desarrollo de nuestras carreras profesionales?

A lo largo de mi carrera siempre escuché la misma frase: "Solo los hombres llegan a ser directivos", y la verdad que es un estereotipo de género que se da de forma natural, como que fuera obvio o que no podría ser de otra manera.

Yo creo que las oportunidades están, pero generalmente la primera opción es para un varón; existe el prejuicio que cuando las mujeres somos madres bajamos nuestra performance, no podemos focalizarnos en el negocio y otras tantas estupideces que claramente no comparto en lo más mínimo. Soy madre, pero también soy profesional y está bien que los hijos tengan su mundo y nosotras el nuestro.

Recuerdo cuando en 2018, un año de quiebre en mí, no sé si porque cumplía 40 años, pero tuve un redescubrimiento personal; me encontré con una mujer plena en su rol de madre, mis hijos todos escolarizados y me propuse ir por más. En ese momento fui directamente al CEO de la empresa a postularme a una nueva posición; sinceramente creo que lo sorprendí, y lo pensó. Meses después creyó en mí, me dio la posición, y un año y medio después, sorpresivamente, ya sin tener que ser yo quien levantara la mano, vuelve a reconocer mi trabajo con este último puesto de COO. Con eso quiero decir que tenemos que confiar en que lo podemos cambiar, las mujeres tenemos cada vez mayor participación en posiciones clave de distintos ámbitos, ¡vamos por más!

Bajo tu mirada: ¿las mujeres podemos hacer algo diferente para promover una mayor equidad en las organizaciones?

La palabra sororidad es un término, relativamente nuevo, que inspira a que las mujeres caminemos juntas hacia la igualdad. Estoy muy de acuerdo con esa "complicidad" entre mujeres, compartir nuestras preocupaciones y trabajar juntas para lograr esa equidad en las organizaciones. Las mujeres somos valientes, creativas, detallistas, observadoras, sabemos escuchar, todas esas cualidades puestas en marcha en un *team working* es la clave del éxito.

Necesitamos tener un espacio donde podamos expresarnos y empoderarnos unas a otras, por eso es importante empujar el talento femenino y poder ocupar posiciones clave en la organización, donde podamos cambiar las reglas de juego y existan los mismos beneficios a pesar del género.

Los hombres ganan en promedio un porcentaje más alto que las mujeres que tienen la misma función, y 7 de cada 10 personas en posiciones de liderazgo en publicidad son hombres. Hay que fomentar el desarrollo del potencial, tanto en hombres como en mujeres, desde la convicción de todos los líderes de una organización.

De a poco, muchas empresas están tomando cartas en el asunto, fomentando una cultura de respeto e igualdad de derechos para todos; tenemos que elevar la voz y exigirlo.

Desde mi posición yo motivo el liderazgo femenino, con mayor protagonismo y flexibilidad en una forma de trabajo donde cada una optimice sus capacidades. También trabajamos mucho con Recursos Humanos en la equidad de beneficios, y hemos logrado año tras año ir borrando esas diferencias.

Un ejemplo: hace un par de años si una empleada se encontraba en licencia por maternidad se le descontaban durante esos meses los beneficios de empleados, hoy eso ya no es así. Además hemos incorporado mayor licencia por paternidad en el caso de los hombres.

¿Cuáles sientes que son tus mayores desafíos hoy?

Mi mayor desafío es adaptarme a la velocidad que existe hoy en los cambios; hoy nos encontramos con un mercado cada vez más dinámico, distintas situaciones que muchas veces nos hacen recalcular y repensar el negocio de forma muy ágil.

Hoy tenemos que pensar todo el tiempo en cómo innovar en modelos de negocios, las formas de marketing (del tradicional al digital), los formatos de organización interna, los servicios y productos que queremos brindar, y por último, y no menor, la tecnología, y acá hay mucho por hacer.

Creo en las metodologías ágiles, experimentos cortos, con objetivos concretos, donde se fomente la participación de varios miembros de la empresa, y considero que cada uno desde su lugar aporta algún condimento distinto, sin egos y sin miedos a afrontar riesgos, convencida de que esa adaptabilidad es la que se necesita para seguir marcando la diferenciación.

¿Cómo definirías tu estilo de comunicación como líder de tu equipo de trabajo?

Lo importante es lograr un equilibrio en los estilos de comunicación. Tengo muy marcado en mi perfil que estoy muy orientada a resultados, es muy probable que mi estilo cuando estoy bajo objetivos duros sea muy racional, pero también me preocupo por las personas y sus crecimientos, donde entra un estilo más afectivo y reflexivo.

Creo que no hay un estilo bueno o malo, la combinación y equilibrio de cómo adoptarlos es la clave para asegurar el éxito en las comunicaciones; por eso es clave "saber escuchar", poder adaptar así el estilo para lograr la mejor empatía, tan necesaria para que el mensaje llegue mejor.

¿Cómo piensas que evolucionará nuestro liderazgo y nuestra comunicación en los próximos años?

Creo que cada vez nos encontraremos con más herramientas y apps para comunicarnos, pero esa hiperconectividad es la que nos va a limitar que tengamos conexiones relevantes, significativas, y en eso debemos trabajar, en que la tecnología no nos agote.

Si seguimos como hasta ahora, las calls, el WhatsApp, los eventos streaming, los objetivos puestos en una plataforma y no fomentamos el intercambio personal, los vínculos solo se vuelven transaccionales. Hay que parar la pelota y generar espacios de *coworking*, de ocio, de intercambio en la comunidad, aunque sean virtuales, pero salir un poco de la rutina.

¿Qué líder mujer te resulta admirable, focalizando principalmente en su forma de comunicación y/o liderazgo? ¿Podrías compartir por qué la elegiste?

Elijo a Michelle Obama, la considero muy transparente. Ella no lee los discursos, habla con conocimiento, convicciones y es muy cercana a la gente.

Me conmueven sus iniciativas, y su estilo de cómo llevarnos a reflexionar sobre los cambios que debemos hacer como comunidad, pero empezando por pequeñas acciones desde lo individual.

Vengo siguiéndola desde hace un tiempo en su iniciativa para que todas las niñas del mundo puedan tener acceso a la educación, ya que 62 millones de niñas en el mundo no pueden desarrollar su potencial y esto afecta a su futuro, al de su familia y de su país.

"Las mujeres ganan menos que los hombres por hacer la misma labor. Hay que cambiar los corazones y las mentes y vosotras podéis hacerlo, este es el desafío de su generación, hay que decirles a los niños que pueden llorar, y a las niñas que pueden ser autoritarias", manifestó Michelle animando a las jóvenes a participar en el debate social sobre la igualdad.

Pensando en una persona que va a ser líder de un equipo, ¿qué alertas le darías con relación a su comunicación/su liderazgo?

Un líder no necesita hacer uso de su autoridad para actuar sobre su equipo, no puede no tener empatía y tampoco tener miedo al cambio. No debe tener respuestas a todas las preguntas, ni sentirse mal por lo que no conozca; lo importante es que sepa apoyarse y confíe en las capacidades del resto de las personas del equipo y no trabaje en beneficio de sus logros individuales.

En el mismo caso, ¿qué sí le recomendarías que tenga presente?

Es fundamental tener los siguientes pilares como norte: visibilidad de gestión, verdad/transparencia, confianza y resultados; el orden es indiferente, lo que no puede pasar es que se dé el último y falten los tres primeros.

Dentro de los KPIs que bajo a mis reportes, además de lo *accountable* para mí es muy relevante la evaluación del jefe, cómo nos ven como líderes. Si se les destacan cualidades para gestionar, estar atentos a las necesidades, dar feedback, escuchar y resolver de forma adecuada y con agilidad todas las situaciones que se presentan optimizando el tiempo y los recursos. La capacidad de equilibrar lo personal y laboral se puso aún más en evidencia durante la pandemia, pero me parece importante haber podido acompañar. Ser referente de los valores de la compañía y un ejemplo a seguir, preocuparse por el desarrollo de las personas y brindar autonomía en la toma de decisiones, favoreciendo la autogestión, la construcción de confianza y el logro de objetivos.

¿Consideras que podemos hablar de un liderazgo femenino diferencial?

Sí, considero que existe un liderazgo femenino diferencial; solo por el instinto "maternal" de querer cubrir las necesidades básicas y de contención a nuestras crías nos sale más natural el gestionar recursos.

En mi experiencia personal, mi mayor desafío siempre fue que mis equipos se sientan reconocidos y empoderados, buscando un equilibrio entre la vida profesional y la personal.

¿Cómo crees que influye tu comunicación como líder en la motivación de tus colaboradores?

Cuando leí esta pregunta, fui directamente a revisar mi última evaluación de jefe, y la percepción de mis colaboradores es la siguiente:

"Se la considera una buena líder, generosa y comprometida con los objetivos y los valores de la compañía. Se la percibe como una persona atenta a su equipo para celebrar sus logros, con apertura al diálogo. Se valoran esos espacios que propician el intercambio, la apertura a sugerencias y la posibilidad de que existan conversaciones profundas acerca de las expectativas de crecimiento y desarrollo individuales".

"Carolina está muy orientada a resultados y es capaz de inspirar y orientar la acción del equipo en una dirección determinada".

Ahora, como punto de mejora también se ha marcado la planificación y seguimiento en la capacitación del equipo a cargo, y ese es un punto que muchas veces, dentro de la vorágine del día a día, puede quedar relegado. A modo de autocrítica y como punto de mejora, para mí en este nuevo año de gestión me parece muy importante que podamos planificar capacitaciones, y transmitir conocimiento respecto del trabajo y desarrollo de tareas.

¿Consideras que la buena comunicación colabora con el compromiso de tus colaboradores? ¿En qué medida? ¿Por qué?

Cien por ciento de acuerdo, una comunicación clara, transparente y con visibilidad es clave para lograr el compromiso del equipo.

La verdad es que quienes trabajan conmigo hace muchos años ya me conocen, y a los nuevos les comparto mi visión desde el primer día: "A mí siempre vienen y me cuentan la verdad, mi único límite es la mentira, cuando se rompe la confianza no hay vuelta atrás", y desde esa apertura y transparencia es donde me posiciono para comunicar.

Puede ocurrir que no siempre pueda compartir toda la información, pero sí trato de dar visibilidad en qué se está trabajando, en aprobaciones que pueden faltar que no dependen cien por ciento de mí, y en los tiempos, de esta manera evito especulaciones y manejo ansiedades.

¿Y en qué medida la comunicación en un grupo ya comprometido facilita el alcance de los resultados de trabajo?

El alcance de los resultados es un objetivo de todos, estoy convencida de que cuando uno comparte un plan estratégico de negocio y marca los roles de cada uno el resultado será mucho mejor.

Hacerlos protagonistas generará ese compromiso que tenemos que tener cada uno desde nuestro lugar para que un P&L se cumpla, sin individualidades, encontrando espacios de colaboración entre áreas que quizás no se hablan.

La gente agradece cuando uno comparte los números, cómo viene el negocio, qué oportunidades hay de mejorar el producto o en que *pitch*/licitación estamos trabajando, es así como nos ponemos la camiseta y jugamos en equipo.

¿Cuál fue el momento en tu carrera profesional que tuviste que tomar una decisión que te costó mucho definir? Si hoy te volviera a suceder, ¿lo definirías de igual manera?

Cuando diagnosticaron a mi hijo más grande con dislexia se me vino el mundo abajo, como mamá primeriza tuve mucho miedo, sobre todo por desconocimiento del tema, y proyectándome al lado de mi hijo en toda su etapa escolar; adicionalmente ese mismo año nos habíamos mudado de Capital a Zona Norte, muy lejos de la familia y con menos recursos cercanos para sustituir esa colaboración que teníamos.

Pensé en dejar de trabajar o buscar algo con mayor flexibilidad para poder hacer frente a lo que se venía; en un comienzo mucha carga extraescolar entre terapia ocupacional, psicopedagoga y fonoaudióloga pensaba que no me iba a poder organizar, más mi segundo hijo con dos años en ese momento.

Lo pensamos mucho con mi marido, analizamos muchos escenarios, ya que teníamos que encontrar un mejor balance entre nuestras agendas y la nueva situación que se presentaba, y llegamos a la conclusión de que lo mejor era que yo siguiera trabajando en relación de dependencia y apostando a mi carrera profesional y él, con mayor flexibilidad, manejando sus clientes desde casa. Así fue como mi marido dejó la vida corporativa para pasar a ser autónomo.

Seis años después y con otra hija más, siento que tomamos la decisión correcta; la fórmula nos funciona muy bien, puede ser que me pierda de alguna actividad, sobre todo escolar, o que muchos nos digan que tenemos los roles invertidos, pero volvemos a los estereotipos, ¿quién dijo que la mujer tiene que estar en la casa mientras el hombre trabaja?

Para mí el mejor modelo es el que le resulta a cada uno, y a nosotros nos funciona súper bien. Tomi avanzó toda su primaria con acompañante en el aula, un andamiaje muy sólido en distintas terapias, y hoy pasa a secundario con un gran reconocimiento del colegio a su esfuerzo, a su compromiso, respeto y sobre todo a la generación de autonomía que le permite poder soltar el acompañamiento escolar.

Mi marido avanzó con su negocio y hoy maneja su agenda con la flexibilidad que necesitamos, debo confesar que hasta muchas veces me da envidia; sin dudas, sin el apoyo de ellos yo tampoco hoy podría estar ocupando el rol de COO de una empresa.

Si hay una palabra que define a mi familia es "superación", nunca bajamos los brazos, siempre con esfuerzo el final es bueno.

¿Qué mensaje final te gustaría dejarnos?

En un mundo de constantes cambios creo que todos aprendemos algo nuevo todos los días. Ese es nuestro desafío, "aprender a aprender" nuevas disciplinas, desarrollar nuevas herramientas y permitirnos salir de nuestra área de confort para transitar nuevos caminos.

En esta nueva "normalidad" aprendí a diseñar y modelar una nueva agenda sustentable, donde existen las prioridades, no todo es para ayer, me bloqueo la hora de almuerzo con mis hijos y la sesión de terapia, reservo cortes de 15 minutos entre algunas reuniones para salir a tomar un poco de aire y volver, y les aseguro que es compatible con la demanda de trabajo, el colegio de mis hijos y mi vida personal. Claramente la tecnología nos ha ayudado mucho a la conexión exterior, pero también aprendimos que era sumamente importante definir nuestros espacios de disfrute aun con la pantalla de por medio. En mi caso descubrí en la pastelería un cable a tierra, hice cursos online y hoy disfruto de compartir ese momento con mis hijos.

Paula Santilli

Paula es CEO de PepsiCo Latinoamérica desde mayo de 2019; responsable de un negocio que genera 7,6 mil millones de dólares en ingresos netos anuales.

Anteriormente, fungió como presidenta de PepsiCo Alimentos México y de la Fundación PepsiCo México. Previamente, fue directora de Operaciones de todas las unidades de negocio de PepsiCo Alimentos México, así como también se desempeñó como vicepresidenta y gerenta general del negocio de salado en México.

Se incorporó a la compañía en diciembre de 2001, cuando PepsiCo adquirió Quaker Oats, donde trabajaba desde 1992 a cargo de los negocios regionales de Quaker Foods y Gatorade en Argentina, Chile y Uruguay. Previamente, había trabajado también en Campbell's Soups y Kellogg's en Argentina.

Paula está comprometida en generar un crecimiento inclusivo en Latinoamérica.

En 2019 y 2020 fue incluida en la lista de las 100 Mujeres Más Poderosas de Forbes. En 2019 fue reconocida como una de las Top Voices para Latinoamérica de LinkedIn.

En 2020 fue incluida, por segundo año consecutivo, en el listado internacional de las 50 Mujeres Más Poderosas de la revista Fortune y también fue distinguida como LinkedIn Influencer, y recibió el premio Exceptional Women of Excellence que otorga el Women Economic Forum. En ese mismo año publicó el libro El poder de poder. Mujeres construyendo Latinoamérica *junto con dos coautores.*

Paula nació en Buenos Aires, Argentina. Es licenciada en Ciencias de la Comunicación y Publicidad por la Universidad del Salvador, en Buenos Aires. Tiene un posgrado en Marketing y Estudios Internacionales por la Universidad de Miami de Ohio, Estados Unidos.

Gracias Paula por tu tiempo. ¿Qué te gustaría contarnos de ti?

Actualmente lidero el negocio de alimentos y bebidas de la compañía en México, Sudamérica, Centroamérica y el Caribe en una región que cubre 34 mercados emergentes y en desarrollo con 70.000 empleados directos.

Anteriormente, fungí como presidenta de PepsiCo Alimentos México, una de las compañías de alimentos más grandes de América Latina que incluye la operación de Sabritas, Quaker, Gamesa y Sonric's. Antes fui directora de Operaciones de todas las unidades de negocio de PepsiCo Alimentos México. Durante algunos años también me desempeñé como vicepresidenta y gerenta general del negocio de salado en México.

Me incorporé a la compañía en 2001, cuando PepsiCo adquirió Quaker Oats, empresa en la cual trabajé desde 1992 a cargo de los negocios regionales de Quaker Foods y Gatorade en Argentina, Chile y Uruguay.

¿Cuáles son los principales desafíos que enfrentas actualmente?

El principal desafío que enfrentamos todos es la reactivación económica de la región. La situación actual presenta un escenario sumamente complejo. La pandemia ha impuesto condiciones que afectan severamente a la economía de los países de la región. Hoy sabemos que esta crisis podría dejar a más de 40 millones de personas sin empleo en América Latina y el Caribe (OIT) y que la contracción del PIB latinoamericano podría ser del 9,4% en 2020 (FMI), lo cual no es menor.

Estoy convencida de que, en una región como la nuestra, el papel de las empresas y de sus líderes es generar crecimiento en nuestros países y en nuestras comunidades. En PepsiCo hemos puesto en marcha diversas iniciativas para contribuir a la reactivación de la economía. De la mano de expertos, organizaciones y otras empresas hemos activado, de manera intersectorial, programas para apoyar a los más de 3,5 millones de pequeños comercios en la región (FUNDES) en países como México, Brasil, Colombia, Perú y República Dominicana, entre otros.

A nivel regional, establecimos una alianza con el Banco Interamericano de Desarrollo (BID) para financiar proyectos de innovación que contribuyan a que el canal tradicional opere de forma segura, a acelerar su digitalización, a aumentar sus ventas, y a mejorar las habilidades y estrategias empresariales de propietarios y empleados mediante líneas de financiamiento.

El empoderamiento de las mujeres es un factor clave en la reactivación económica tras la pandemia. Hoy tenemos la obligación de contribuir a que este porcentaje aumente, de sumar a más mujeres a nuestro ámbito de trabajo, y de impulsarlas en su camino al éxito. No hay un mejor momento que este para darles acompañamiento y brindarles el apoyo que necesitan. Su ayuda y sus capacidades serán esenciales para reactivar la economía de los países de la región. Si seguimos apoyando iniciativas para insertar a la mujer en la cadena de valor, promoveremos un crecimiento inclusivo en Latinoamérica.

¿Consideras que las mujeres tenemos las mismas oportunidades que los hombres en el desarrollo de nuestras carreras profesionales?

¡Por supuesto que sí! Las mujeres son una fuerza de trabajo muy poderosa en Latinoamérica; son comprometidas, disciplinadas, resilientes, empáticas, tenaces, determinadas, tienen una gran calidad humana y se esfuerzan todos los días por hacer bien su trabajo, pero ¡tenemos que creérnosla!

El problema, en muchas ocasiones, es que nos hace falta confianza en nosotras mismas. Las mujeres en Latinoamérica no se sienten cómodas expresando sus necesidades y sueños, aun cuando estén muy bien preparadas para un trabajo. Esto se debe en gran medida a un entorno cultural y familiar en el que no se les permite dar su opinión. En ocasiones, es también porque no son conscientes o minimizan su contribución a las empresas y a su comunidad.

Hay ciertos aspectos con los que debemos familiarizarnos para poder acelerar nuestro crecimiento profesional. Entender el poder es uno de ellos. A las mujeres rara vez se les enseña qué hacer con el poder o cómo manejarlo. Sin embargo, es vital reconocerlo y aprender a sentirse cómodas al ejercerlo. Saber cómo promovernos es otro aspecto importante. Las mujeres deben aprender a comunicar sus experiencias, éxitos y habilidades. Es esencial que sepan expresar abiertamente sus planes de carrera y que acepten las oportunidades que se les ofrecen. La ambición no es necesariamente algo negativo.

La participación de las mujeres en el mundo laboral genera un impacto positivo que alcanza a muchas personas y genera un círculo virtuoso en el que todos ganamos. Es una tarea de todos ayudarlas para que puedan detonar crecimiento y prosperidad, no solo en sus lugares de trabajo, sino también en sus familias y comunidades.

¿Qué papel desempeñan compañías líderes como PepsiCo para promover el desarrollo de la mujer?

En PepsiCo tenemos un compromiso serio con la inclusión y el empoderamiento de la mujer. Las metas globales que la compañía ha fijado al respecto ponen de manifiesto lo anterior. Para 2025, PepsiCo tiene el compromiso de alcanzar un 50% de representación femenina en niveles administrativos y de liderazgo, e invertir 100 millones de dólares en el desarrollo de las mujeres, fortaleciendo su empleabilidad y habilidades empresariales con el objetivo de beneficiar a 12,5 millones de mujeres fuera de la empresa.

En PepsiCo Latinoamérica, su participación es clave a lo largo de toda la cadena de valor; desde el agro, en donde el 23% son mujeres, las mismas que participan en programas de capacitación y reciben asistencia técnica y financiera, pasando por áreas consideradas normalmente como masculinas: operaciones y ventas en donde la participación de las mujeres supera el 30%, con líneas de producción operadas exclusivamente por mujeres; hasta nuestras oficinas en donde más del 40% de los cargos de responsabilidad (posición gerencial para arriba) está a cargo de mujeres y en donde hemos implementado programas muy exitosos de atracción, desarrollo y retención de talento. De hecho, estoy muy orgullosa de compartir que casi el 50% de nuestro Comité Ejecutivo en Latinoamérica está conformado por mujeres estratégicas, capaces y tenaces que no solo buscan empoderar y desarrollar a más mujeres en nuestras operaciones sino que lideran la agenda estratégica de nuestro negocio en el sector.

Esto sin mencionar que las mujeres son también nuestras consumidoras y –en mayor proporción– quienes toman la decisión de qué productos se compran, y las responsables del 60% de los comercios familiares y microempresas a las que proveemos nuestros productos a lo largo y ancho de Latinoamérica.

También hemos invertido en el desarrollo de las mujeres en la región mediante programas como "Mujeres con propósito" que ofrece oportunidades de educación, empleo y emprendimiento a 12.000 mujeres en ocho países de Latinoamérica, y "Ella alimenta al mundo" que beneficiará a más de 400.000 agricultoras y a sus familias en Perú para que puedan aumentar su producción, tener acceso al financiamiento y a insumos agrícolas.

En PepsiCo estamos convencidos de que para potenciar su talento debemos brindarles plataformas de apoyo a partir de las cuales puedan alcanzar su máximo desarrollo.

¿Cómo defines el liderazgo en tiempos de crisis?

El Covid-19 dejó en suspenso los estilos de liderazgo que conocíamos hasta ese momento. Sin duda, flexibilidad, agilidad, creatividad, capacidad de ajuste y paciencia son cualidades que todo líder debería tener, pero el contexto actual exige cualidades que deberíamos tener siempre presentes:

- *Empatía*: hoy debemos ver por el otro y estar ahí para apoyar a nuestros colaboradores y amigos.
- *Comunicación*: una comunicación transparente, asertiva y constante es indispensable. No solo tenemos la responsabilidad de informar lo que está ocurriendo, sino también la voluntad de transmitir un sentido de calma ante hechos que nos abruman a todos.
- *Adaptación*: los retos que presenta esta situación han cambiado la dinámica de nuestro trabajo, nuestra forma de operar e incluso la forma en la que interactuamos con los demás. Es esta capacidad de adaptación lo que nos hará más fuertes, creativos y solidarios.
- *Enfoque*: no podemos descuidar las necesidades de nuestra comunidad. Mantener este enfoque permite a los líderes tomar decisiones más informadas y benéficas para la sociedad.
- *Gratitud*: no debemos pasar por alto las dificultades que viven los demás ni dejar de brindar nuestro apoyo solidario cuando sea posible. Valoremos el trabajo de todos aquellos que desde su trinchera nos cuidan diariamente en un contexto de excepción como el que vivimos actualmente.
- *Optimismo*: nos convierte en seres creativos, adaptables y ágiles. No todo es malo durante una crisis. Como todo, estas dejan también grandes aprendizajes.

El liderazgo es tener la capacidad de influir positivamente en la gente que nos rodea, es impulsar a los demás para que desarrollen y demuestren sus capacidades, es promover la diversidad de pensamiento y aspirar a ser mejores cada día. Lo más valioso es ayudar y aprender de los demás. La guía de un líder es fundamental en la forma en la que opera un negocio, pero en un contexto de crisis como en el que nos encontramos, esta figura cobra aún más relevancia.

¿Qué mensaje final te gustaría dejarles a los lectores?

Que la mujer es clave para el crecimiento y la reactivación económica de Latinoamérica. Incluirla en el mundo de los negocios es clave para mejorar el bienestar de nuestras comunidades.

Testimonio 13

Cecilia Schmidt

Es graduada en licenciatura en Comercio Exterior y licenciatura en Administración de Empresas de la Universidad de Belgrano. Luego realizó estudios de posgrado en Gerenciamiento y Administración de Empresas.

Ha desarrollado su carrera en la industria farmacéutica en el área de Suministro de Productos. Durante los últimos 20 años ha trabajado en Bayer, ocupando distintas posiciones donde se ha ido afianzando como líder.

Actualmente se desempeña como Head of Supply Chain & Order to Cash Conosur. En los últimos años ha liderado un cambio cultural en el área. Es mentora dentro del programa de la empresa.

Está casada con Fernando y es madre de Agustín, de 5 años.

Gracias Cecilia por tu tiempo. ¿Qué te gustaría contarnos de ti?

Soy Cecilia Schmidt. Trabajo en Bayer desde hace 20 años y mi función actual es la de Head of Supply Chain & Order to Cash para el Conosur: Argentina, Paraguay, Uruguay, Bolivia y Chile.

La responsabilidad abarca dos de las tres divisiones que Bayer tiene: Consumer Health y Pharmaceuticals. Gestionamos junto con el equipo toda la cadena de suministro desde el inicio hasta el fin, lo que llamamos *end to end*. Coordinamos todos los pasos necesarios para que ese producto, que nace de una necesidad, llegue a ese consumidor o paciente: desde el área de gestión de proyectos, la coordinación de producción cuando es de fabricación local, o la importación cuando viene de otro país; el proceso de S&OP (*Sales and Operations Planning*), estimación de la demanda, planes de suministro, luego la logística y distribución hasta la última parte de la cadena con *customer service*, créditos y cobranzas. Siempre teniendo el foco en nuestros clientes y pasión por nuestros consumidores y pacientes.

Tengo un equipo de 120 personas distribuidas en los cinco países del Conosur y un equipo de ocho líderes con reporte directo. Es un gran equipo que no importa en qué parte de la cadena de suministro esté, sabe que, como resultado de su trabajo, una persona recibirá nuestro producto buscando tener salud. Y eso realmente es para mí una gran motivación. Soy una persona que le apasiona lo que hace y que hoy tengo la oportunidad de poder hacerlo con una fuerte base de valores, liderazgo y propósito.

¿Consideras que las mujeres tenemos las mismas oportunidades que los hombres en el desarrollo de nuestras carreras profesionales?

El desarrollo profesional depende de uno mismo, no importa el género. Si alguien quiere desarrollarse profesionalmente no hay mejor persona para liderar y llevar adelante el proceso que una misma. Creo que es muy importante, de todas maneras, que se siga trabajando en iniciativas de Diversidad e Inclusión. Tener una cultura inclusiva nos da talento, innovación y *performance*, entre otras cosas.

Bajo tu mirada, ¿las mujeres podemos hacer algo diferente para promover una mayor equidad en las organizaciones?

Sí, por supuesto. Creo que podemos participar y fomentar iniciativas que busquen la equidad. Apoyar, guiar, ser *sponsors* de programas para ir generando conciencia y planes concretos. Podemos también acompañar a las mujeres que buscan desarrollarse por medio de herramientas como mentoring, feedback y otras.

¿Cuáles estimás que son tus mayores desafíos hoy en tu posición?

En el contexto actual, uno de mis mayores desafíos está en mantener nuestras operaciones buscando no impactar a nuestros consumidores y pacientes; motivando al equipo a pesar de la gran incertidumbre y cambios que estamos viviendo en todos los ámbitos.

Mi desafío también está en comenzar a diseñar la nueva normalidad en SCM, ajustar nuestra estrategia donde sea necesario y movernos ágilmente. Y no menor es el desafío de mantener al equipo unido, fortaleciendo la confianza, la comunicación y buscando tomar todos los aprendizajes posibles rápidamente para seguir construyendo basados en nuestro propósito.

¿Cómo percibes tu evolución personal con relación al vínculo con tus colaboradores? ¿Fue cambiando a lo largo del tiempo y con la experiencia?

Siento una evolución importante en mi vínculo, en mi comunicación con el equipo. Hace diez años, hace cinco o uno, no era la misma que hoy. Uno va evolucionando constantemente y eso incluye las relaciones interpersonales también. El disparador principal tiene que ver con mi necesidad de adaptarme no solo al entorno, sino también al estilo de liderazgo. Mi estilo fue cambiando a lo largo del tiempo, está mucho más basado en la confianza, en la guía y en feedback. Entonces siento que, desde lo personal, al ir evolucionando, distintos procesos han ido cambiando.

¿Cómo definirías el estilo de comunicación que tienes como líder de tu equipo de trabajo?

Mi estilo de comunicación busca ser simple, honesto y tiende a ser más informal. Busco generar apertura a través de conversaciones y fomentar el intercambio de opiniones que nos permitan construir. Mi estilo es desestructurado, y para eso ayuda mucho el *open office*, oficinas abiertas. Mi comunicación, hoy, es mucho más cercana.

Creo que mi estilo de comunicación es simple y claro, y se basa en la confianza. Entonces, mi comunicación es franca, es a tiempo, trato de dar feedback, dar retroalimentación. Y a su vez, de la misma manera, pedirla en sentido inverso. Es importante generar espacios a pesar de las agendas cargadas y que ese tiempo sea de valor para el intercambio.

A mis colaboradores los escucho y les doy espacio para que ellos puedan desarrollarse y reflexionar. Y la verdad es que lo hago bastante, con el objetivo de que se siga generando intercambio y generación de ideas.

Yo creo que mi estilo de comunicación es muy cercano. Intento tratar estos puntos con el equipo con frecuencia. Y de la misma manera en la dinámica individual y en la de equipo.

¿Cómo piensas que será en los próximos años? ¿Hacia dónde va a evolucionar?

Pienso que la comunicación va a ser cada vez más dinámica y en todas las direcciones. Más allá también de la impronta personal de cada uno, hay cada vez más herramientas que nos pueden apoyar y habilidades de comunicación para seguir adquiriendo.

Quiero que la comunicación con mi equipo vaya evolucionando de tal manera que siempre cree valor.

Si lo trasladáramos a una imagen, me gustaría que mi comunicación con mis colaboradores pudiera ser identificada con un ambiente abierto; un campo con mucha naturaleza, muy abierto, con la libertad de comunicar hacia todos los lados, en todos los sentidos. Con nuestros valores, que son la base de mi comunicación y del equipo en general: el respeto, la confianza, la colaboración, que son los que nos definen. Si tengo que cerrar los ojos, es un lugar súper abierto, con comunicación libre, asertiva y de valor.

Con esta imagen de campo quiero transmitir que pienso que la apertura es algo que se relacionaría con esos valores, con esta confianza o franqueza de poder hablar con sinceridad. Tratemos siempre que esta comunicación sea positiva y constructiva.

¿Qué líder mujer te resulta admirable, focalizando principalmente en su forma de comunicación y/o liderazgo?

He tenido la suerte de trabajar con grandes líderes mujeres que me han marcado y que admiro profundamente. Lo que valoro y destaco es el coraje al comunicar, la posibilidad de causar impacto en el otro. Valoro y admiro la comunicación honesta, simple, pero que me hace salir del estándar, que me desafía. La líder que con claridad hace llegar su mensaje y genera algo en la otra persona sobre la que luego se pueda seguir construyendo. Aquella que me transmita propósito, sentido de pertenencia y pasión.

Pensando en una persona que va a ser líder de un equipo, ¿qué alertas le darías con relación a la comunicación con sus colaboradores.

Le recomendaría que basara la comunicación en la honestidad y la confianza. Que tenga escucha activa. Que sea clara. Que dé y reciba feedback. La comunicación va evolucionando y nunca hay que quitarle prioridad.

Le recomendaría que hable con claridad, que el mensaje sea simple. Que utilice un tono cercano y esté atenta a las reacciones a nuestra comunicación. Está en cada uno de nosotros la definición y creación del tipo de liderazgo que queremos ejercer, y creo que en nuestro caso las mujeres debemos buscar aquello que nos diferencia de manera positiva y potenciarlo.

¿Cómo crees que influye tu comunicación como líder en la motivación de tus colaboradores?

Creo que influye muchísimo y que genera motivación en el equipo. Y eso para mí es fundamental, por lo que trato de cuidarlo. Pienso que el impacto es directo, por lo que estoy atenta al hacerla y al mensaje que doy.

La buena comunicación afecta de manera positiva al compromiso. Como también lo hace a la inversa si no comunicamos. La buena comunicación genera sentido de pertenencia, nos hace compartir objetivos y tener un propósito común. Nos da un ambiente de confianza. Todo eso es motivación en el equipo. La comunicación facilita, da dirección, un camino, da foco. Lo que uno va comunicando va generando el marco y el contexto para llevar adelante el trabajo y alcanzar los resultados.

¿Cuál fue el momento en tu carrera profesional en que tuviste que tomar una decisión que te costó mucho definir? ¿Por qué? ¿Nos podrías compartir cómo la resolviste? Si hoy te volviera a suceder, ¿lo definirías de igual manera?

He tenido varios de esos momentos a lo largo de mi carrera. Creo que lo importante es tomarse el tiempo de reflexionar, evaluar, pedir soporte. Más allá de las decisiones de negocio, en lo personal he tenido momentos de replanteo de mi carrera.

Una decisión en particular difícil fue cuándo retomar la actividad laboral luego de tener a mi único hijo. No tenía definido cuánto tiempo tomarme y tampoco cómo me encontraría como madre. En ese momento, en una charla con mi líder acordamos que era complicado conseguir un reemplazo, estábamos con muchos desafíos y charlamos sobre la posibilidad de que volviera pronto. Tomé esa decisión y compromiso, y a los dos meses y medio de nacer mi hijo volví a la rutina laboral. Esto me costó mucho, dejar a mi hijo tan pequeño al cuidado de una persona. Tuve muchos días de angustia y muchos días emocionales, luego todo se acomodó y aprendí a valorar mucho el tiempo que estamos juntos y que ese tiempo sea de calidad.

Si hoy volviera a pasar por la maternidad, tomaría más tiempo con mi hijo, respetaría más mi sentimiento y necesidad de estar con él en sus primeros meses.

¿Qué mensaje final te gustaría dejarles a los lectores de tu testimonio?

Muchas veces las limitaciones y barreras están en nuestra mente. Cada una de nosotras es responsable de transformarlas. Y siempre es una quien debe ser la primera promotora de nuestro desarrollo. Seamos nuestras propias líderes en el desarrollo profesional.

Todo sigue en constante cambio, y eso nos incluye. Mantengámonos flexibles, abiertas y abracemos esa evolución. Y, por último, siempre sentir orgullo por lo que uno es y poner pasión en lo que uno hace. Esto marca una diferencia en nuestro camino.

Candela Torrado

Nacida en Buenos Aires en 1986, está casada y vive en la ciudad de Buenos Aires.

Se graduó como técnica en Comercio Exterior en alemán (Kauffrau im Groß- und Außenhandel) como parte del Sistema Dual de la Cámara de Comercio Argentino-alemana. Además, tiene una licenciatura en Administración de Empresas en la Universidad Argentina de la Empresa.

Trabaja desde 2006 en diferentes industrias multinacionales en donde se ha desempeñado profesionalmente en las áreas contables, logísticas, industriales y de recursos humanos.

Desde hace 10 años trabaja en Cervecería y Maltería Quilmes (parte de la familia AB Inbev) liderando diferentes áreas dentro la compañía.

Fue gerenta de Talento y Diversidad e Inclusión donde ha diseñado el programa "Autenticidad". Dicho programa implementó diferentes iniciativas en temáticas como género, LGBT y discapacidad, teniendo como objetivo un ambiente de trabajo donde cada uno pueda alcanzar su mejor versión.

Por el programa "Autenticidad", la compañía ha ganado distintos premios, como el Premio Persona y el Eikon como Mejor Práctica de Recursos Humanos.

Actualmente es directora de Recursos Humanos de la Central de Servicios Compartidos y del área de Tecnología de Cervecería y Maltería Quilmes.

Candela es feminista y ambientalista, por lo que apoya distintas organizaciones que trabajan en esas temáticas.

Muchas gracias Candela por tu tiempo. ¿Qué te gustaría contarnos acerca de ti, tu cargo y en donde estás trabajando?

Soy Candela Torrado, trabajo en Cervecería y Maltería Quilmes desde hace 10 años. Soy directora de Gente para Tech y de nuestra Central de Servicios Compartidos para toda la región de Latinoamérica Sur.

¿Si pudiéramos describir tu recorrido profesional, qué destacarías?

Tengo 33 años y trabajo desde los 18. Antes de incorporarme a esta organización había trabajado en otros dos lugares: una química y una minera.

Durante los dos primeros años en Quilmes estudiaba en la facultad y trabajaba en el área de logística. Entré como analista, casi por casualidad. Una compañera de la minera vio en ese momento una búsqueda y me lo comentó, pensando que buscaban justo mi perfil. Me postulé sin buscar, ya que sorprendentemente Quilmes no estaba en mi radar.

Cuando ingresé a la compañía no tenía grandes expectativas. Creo que no tenía dimensión de todo lo que la compañía tenía para ofrecerme y que yo tenía para aportarle a ella. En ese momento yo decía: "Bueno, si llego a una jefatura ya está". Me acuerdo que era también la expectativa del grupo de trabajo que me rodeaba en ese momento. Pero poco a poco fui entendiendo los desafíos y las posibilidades infinitas que se abrían para una persona resiliente y con ganas de superarse, como era mi caso.

De líder en logística, tuve un paso por el área industrial y ahora hace ya varios años que estoy en el área de Gente donde lideré distintas áreas como la de Clima, la de People Transformation y mi puesto anterior como gerenta de Talento, Diversidad e Inclusión.

Desde enero de 2020 siento que estoy en la posición

más desafiante de todas. Ocupo una posición que es enorme, tiene un impacto muy importante en el área de Gente y tengo la posibilidad de liderar a muchas personas.

Somos 60 personas, es el equipo más grande de todo el área de Gente, y eso es algo que me encanta.

Destaco que siempre me ofrecieron posiciones desafiantes, que cuando yo las miraba decía: "Wow, qué salto tengo que dar". Después termina pasando que se puede con todo, pero al principio tienes esa sensación paralizante que termina proyectándote, y ocurre lo mejor que puede pasar, salir de tu zona de confort.

En este momento estoy muy contenta, este fue un año de muchísimo aprendizaje, de mucha madurez, así que creo que estoy liderando un desafío enorme.

¿Consideras que las mujeres tenemos las mismas oportunidades que los hombres en el desarrollo profesional de las carreras en las organizaciones?

Pienso que ahora estamos en un cambio de paradigma; cosas que no hubieran pasado hace cinco años hoy están cambiando. Se está abriendo un nuevo mundo con muchas más posibilidades.

Por ejemplo, en Cervecería y Maltería Quilmes casi duplicamos la cantidad de mujeres en cargos ejecutivos seniors, de un 13% al 25% en los últimos tres años. Este cambio es impresionante y súper celebrado, pero todavía queda mucho por construir.

Nos encontramos en un proceso de cambio y siento que lo estamos acelerando muchísimo. Al mismo tiempo, me parece que hay que forzar un poco las cosas porque si dejamos que las situaciones vayan a un ritmo natural no van a ocurrir en el tiempo que esperamos que pasen. Hay que poner el tema sobre la mesa, hablar de lo que hay que hablar, cuestionar las cosas que hacemos, por qué las hacemos y cómo las hacemos. Hasta que no cerremos esas brechas, las oportunidades no serán las mismas para todos.

¿Las mujeres podemos hacer algo diferente para promover una mayor equidad en las organizaciones?

Las mujeres tenemos que hacer varias cosas, pero es clave que la compañía en conjunto implemente iniciativas. Para empezar, es fundamental trabajar en los sesgos inconscientes y tomar medidas que eliminen los sesgos en la toma de decisiones, fomenten la carrera de las mujeres y promuevan el liderazgo femenino.

En mi experiencia personal, en cuanto a cuestión de género, no sentí un obstáculo en mi carrera, más allá de que yo tengo una personalidad fuerte y estoy segura de que eso se me marca más que a un hombre.

Primero, como mujeres me parece importante apoyarnos; la famosa sororidad o ayuda. Las redes de mujeres juegan un rol muy importante para compartir experiencias con otras mujeres, intercambiar miradas y ayudarnos. Nos enseñaron que las mujeres teníamos que competir entre nosotras. Eso no es así, nosotras somos nuestras principales aliadas. En Cervecería Quilmes tenemos el ERG (grupo voluntario de empleados) llamado Women In Beer formado por empleadas y empleados de todas las áreas que proponen acciones para cerrar la brecha de género en nuestra compañía.

Segundo, es clave formar a las mujeres como líderes. Este año lanzamos SOMOS, un programa con perspectiva de género para todas nuestras directoras y gerentas. Este programa pretende empoderar a esas mujeres, formar una red entre ellas y acompañarlas en su desarrollo profesional.

Tercero, hay que capacitar a todas las personas, en sesgos, prejuicios y diversidad e inclusión. Los sesgos son inherentes a los seres humanos e identificarlos, visibilizarlos, volverlos conscientes y trabajarlos es una medida muy importante. Cuando trabajas en sesgos se destraban muchísimas otras acciones, no solo sobre género sino sobre todos los pilares de la estrategia de diversidad e inclusión.

Además, hay que empoderar a las mujeres y a todos los grupos. Crear ambientes de seguridad psicológica, donde la gente se sienta cómoda y segura para decir lo que piensa sin miedo a represalias. Por ejemplo, yo ahora veo que hay ciertos micromachismos, cosas del día a día que antes no identificaba y que ahora sí. Hay que enseñarles a las mujeres a que lo visibilicen y sobre todo instarlas a que, si no se sienten cómodas, lo digan.

Y otra iniciativa que podemos tomar las mujeres es, por ejemplo, mentorear a otras mujeres más jóvenes o juniors. Acompañarlas en su carrera, aconsejarlas y compartirles nuestros aprendizajes y experiencias.

Por último, hay que invitar a los hombres a la conversación. Ellos también son parte de la solución. Me parece interesante buscar embajadores hombres que puedan enseñar a otros las nuevas concepciones de masculinidad.

¿Sería como evangelizar nosotras mismas al entorno para tratar que el resto también pueda?

Totalmente de acuerdo, y es importante cómo romper esos paradigmas mentales y cuestionarlos porque, como en el caso de Quilmes, ¿por qué no tenemos operadoras o tenemos pocas vendedoras mujeres? ¿Por qué alguien que maneja una máquina no puede ser una mujer? ¿Por qué algunas posiciones están ocupadas históricamente por mujeres? ¿Por qué no hay hombres en ciertas posiciones? Bueno, eso es lo que nos estamos cuestionando.

Estos son los estereotipos que hay que romper. Porque cuando cambias y seleccionas a la primera persona todo lo demás después se empieza a allanar, lo importante es dar el primer paso y romper esas barreras. Luego de eso, y viendo los resultados, todo se vuelve más fácil.

Desde tu liderazgo, ¿cuáles piensas que son tus mayores desafíos hoy en la posición que tienes en este equipo de 60 personas?

Hoy mi gran desafío es aportar una mirada transformacional al equipo. Las preguntas que me hago todos los días son: "¿Cómo hago para poder aportarles algo a ellos? ¿Cómo ayudo a que piensen distinto? ¿Cómo implemento iniciativas transformacionales y lidero el cambio en el contexto actual?".

Intento guiar al equipo para que pueda ampliar su perspectiva, complementando su visión funcional con una mirada en el negocio. Que internalicen y adopten un *mindset* transformacional pensando siempre en el cliente.

Este año también trabajamos mucho en pos de afianzarnos como equipo. Creo en las ventajas de la horizontalidad y en el enriquecernos mutuamente con la mirada y el aporte del otro. Desde mi visión, te enseña desde el presidente de una compañía, pasando por un especialista o un analista. Si uno tiene los oídos y los ojos abiertos puedes aprender de todos los que te rodean, todo el tiempo.

Me gusta mucho eso de la mirada curiosa, de saber, de aprender, de desaprender y aprender nuevamente. Es muy raro que vaya a una reunión y no aprenda algo, porque me parece que la clave siempre está en escuchar al otro, algo te va a dejar, de bueno o de malo, de ambas cosas se aprende.

¿Qué te es más fácil hoy que antes? ¿Qué te es más difícil? ¿Cómo sientes que va a evolucionar tu comunicación?

Cuando comencé a liderar equipos, y mirado en perspectiva, comencé con un modelo que era directivo, que con el tiempo fui deconstruyendo y rearmando. Con los años, fui virando a un tipo de liderazgo que tuviera que ver mucho más conmigo misma. Me gusta la gente auténtica, que no tiene miedo de desentonar, que le da su impronta a lo que hace, y entonces así fui armando mi carrera y mi forma de liderar.

Además, creo que esa era la concepción de liderazgo: el líder marcaba el norte y el equipo cumplía e iba para ahí. Pero mi idea de liderazgo cambió, hoy elijo ser una líder que escucha las opiniones de todos, que quiere formar e incentivar a tener equipos más diversos. Hay algunos conceptos que se volvieron fundamentales si queremos equipos de alto desempeño. Habilidades como la colaboración, la escucha activa y el aprendizaje continuo se volvieron indispensables.

El rol del liderazgo en lo comunicacional también está cambiando. El líder ya no es el que te dice cómo hacerlo, sino que es el que facilita las cosas y ayuda en el camino. El líder controlador se convirtió en algo obsoleto.

En lo comunicacional, creo que hay dos aspectos importantes: por un lado, saber hacer las preguntas correctas, y por otro mantener una escucha activa con los miembros del equipo.

Cuando hacemos preguntas, ayudamos a que el otro busque la respuesta y generamos un clima de aprobación. Me parece muy importante que la mayor cantidad de decisiones sean consensuadas, sobre todo las que tienen que ver con la gente y con temas que crucen a todos los equipos. Sentirse parte de una idea es algo inspirador y motivante.

También en estos años desarrollé la escucha, me parece esencial, pero escuchar al otro realmente y no pensando en otras cosas mientras tanto. Escuchar y entender cuál es el mensaje detrás de lo que me está diciendo. ¿Por qué está eligiendo esa palabra? ¿Qué está diciendo con su cuerpo? ¿Por qué te lo dice como te lo dice? Ir un pasito más allá.

Si algo nos enseñó este año es que los líderes hacen la diferencia y ello no es algo mágico, se trata de ser muy humano. Si nos ponemos a pensar, aquello que nos termina motivando al final del día es lo humano, conectar con el otro, saber en qué anda su vida, qué le pasa, saber qué le parece importante, hacerle un chiste, desafiarlo. Eso mantiene a la gente enganchada y motivada.

¿Qué líder mujer admiras y por qué?

Hay cuatro mujeres que admiro profundamente: Michelle Obama (ex primera dama), Sheryl Sandberg (ex COO de Facebook), Chimananda Ngozi Adichie (autora nigeriana) y Emma Watson (actriz británica).

Michelle Obama, me parece que tiene una forma de comunicación clarísima, muy al punto y sobre todo muy humana. Ella habla desde las minorías no solo por ser mujer, sino también por ser afroamericana.

Sheryl Sandberg tiene un perfil mucho más corporativo, ya que su carrera profesional es entre Google y Facebook. Sus charlas son tremendas con un *approach* muy asertivo y vivencial. Un hecho destacable es que ella fundó una organización llamada Lean In que son círculos de mujeres que promueven el desarrollo personal y profesional de las mujeres en todos los ámbitos e industrias posibles.

Chimananda Ngozi Adichie escribió un libro muy lindo que recomiendo: *Todas deberíamos ser feministas*. Allí relata sus vivencias como mujer africana y cuenta una anécdota muy especial. Ella va a cenar con un amigo en auto, estacionan y había un muchacho cuidando, cuando le pide una ayuda ella le da dinero. El muchacho lo toma, mira al amigo y le dice: "Gracias", como si el dinero fuera de su amigo.

Por último, Emma Watson me inspira muchísimo. Su charla en la ONU me parece que manifiesta de forma brillante lo que significa conseguir la igualdad de género. Emma, que es activista, le habla a hombres y mujeres por igual, ejemplificando lo que implica vivir en una sociedad machista, demuestra que es algo que nos afecta tanto a mujeres como a hombres.

Y de los cuatro casos que dijiste tal vez Sheryl sea la que tiene una función más ejecutiva, ¿cómo te la imaginas a ella como líder, según la comunicación que ves?

Ella me da la imagen de una mujer súper fuerte que se hizo su lugar y que nadie le regaló nada. Ella es la imagen de ser "la primera" que hablábamos antes. Fue la primera en una industria tecnológica que se caracteriza por ser bastante masculina. Al inicio, casi todas las empresas de Silicon Valley estaban lideradas casi cien por ciento por hombres.

Sheryl tuvo que hacerse su lugar en una industria nueva y disruptiva. En una de sus charlas dice: "Yo voy a una junta, entro a la oficina y pregunto dónde está el baño de mujeres, y nadie sabe".

Me la imagino muy asertiva, segura y también muy asentada. Pienso que debe ser de esas personas que no piden disculpas por ser como son. Seguro que, como muchas mujeres, debe sentir culpa (ya sea por su trabajo, su familia o lo que sea) y debe tener que enfrentar y trabajar eso todos los días. Pero también me la imagino exigente y que busca la excelencia. Debe ser muy desafiante trabajar con ella.

Destaco que hizo punta ella sola, porque creo que cuando eres la única mujer en un grupo de hombres hay un montón de cosas que no puedes compartir con los demás, por lo que sus inicios deben haber sido muy solitarios.

Si tuvieras un amigo/amiga o alguien que va a empezar a liderar un equipo, ¿qué alertas le darías con relación a la comunicación con sus equipos, a la comunicación empresarial, al liderazgo? ¿Qué le dirías que no tiene que hacer?

Los "no" comunicacionales para mí son los siguientes: Primero, que no finja ser quien no es, que busque un liderazgo que la/lo represente. Es fundamental mostrarse auténtico y transparente. Me parece que los equipos lo valoran muchísimo; entonces, que no compre el modelo de liderazgo por pensar que es el aceptado, sino que arme su propio estilo de liderazgo.

No hay que ser desprolijos con la comunicación; a veces un líder tiene que esperar antes de comunicar algo, debe tener paciencia y esperar a que las cosas decanten. Leí una frase de Marcos Galperin que decía: "Generalmente las cosas no salen tan rápido como a mí me gustaría, pero en el momento que salen me doy cuenta de que salieron cuando tenían que salir". La paciencia es una característica muy importante, tanto como saber manejar la presión y la ansiedad.

No ser egocéntrico ni pretender saberlo todo; escuchar las opiniones de todos y buscar feedback. Todos tenemos cosas para mejorar, para ajustar y eso está bien. Darles a los equipos el espacio para equivocarnos nosotros y también ellos es algo muy gratificante porque en el aprendizaje está realmente el desarrollo de las personas.

En el mismo caso, ¿qué sí le recomendarías que tenga presente en su forma de comunicar como líder mujer? ¿Podemos hablar de un liderazgo femenino diferencial en los negocios?

Yo no creo que haya un liderazgo femenino. Creo que hay un liderazgo personal, con la impronta que le ponga cada uno. Hay tantos tipos de liderazgo como personas en el mundo, y eso es súper interesante y rico.

Antes que nada, cuando armo un equipo busco gente mejor que yo, gente que sepa que en varios aspectos son mejores. Creo que hay que trabajar y desarrollar gente mejor que uno.

Otro "sí" que es muy importante para mí cuando formo equipos es la confianza. Si no puedo confiar en un integrante es difícil que el equipo funcione. Obviamente, se construye de a poco y hay que darle lugar a la confianza, pero una vez que se construye me parece un valor diferenciador.

Otros aspectos que son un "sí" son la humildad y la actitud. La experiencia me enseñó que casi todos los conocimientos pueden adquirirse, las habilidades pueden trabajarse, pero la humildad y la actitud maximizan todo. Me gusta la gente que juega en equipo, que va para adelante con actitud y consigue resultados entre todos. Mi consejo es rodearse de gente que no vea limitaciones sino soluciones.

A las mujeres les diría que el liderazgo lo vas aprendiendo de los errores porque cada tanto puedes equivocarte, y a veces hay que recalcular y decir: "Bueno, ¿qué aprendí de esto?" para que no te vuelva a pasar.

¿Cómo crees que influye tu comunicación como líder en la motivación de tus colaboradores?

Influye definitivamente, y con humildad, en mi caso, la comunicación es algo que siempre tengo que trabajar y mejorar. Fue lo que más me costó al empezar a ser líder. Es un gran cambio cuando uno comunica las ideas o cuando uno tiene que pensar sobre las ideas de los demás y sumar o ajustar algo.

Además, creo que lo importante de motivar en cuanto a la comunicación es *estar en el día a día*, felicitar y acompañar a la gente. Generalmente en las grandes compañías tenemos la reunión de feedback, pero en realidad el feedback tiene que ser constante, al igual que los reconocimientos y los ajustes que haya que hacer.

Por otro lado, la gente está motivada cuando *su propósito personal coincide también con el propósito de la compañía.* En un contexto de dificultad, estar en una compañía que puede ayudar y uno formar parte de ella genera una motivación impresionante. Cuando todos tenemos claro el objetivo común y lo compartimos eso es profundamente motivador.

La comunicación es fundamental. También lo es empoderar a la gente para que tome sus propias decisiones, y sobre todo cuando somos líderes liderando a otros líderes. Darles el lugar para que ellos mismos tomen sus propias decisiones y tú siempre estar ahí, que ellos se sientan cuidados por si se equivocan, porque tú estás ahí para ellos.

Uno puede equivocarse, y es importante tener a un líder atrás que te diga: "Bueno va a estar todo bien, lo vamos a solucionar". *Generar un clima de confianza y de seguridad* me parece que motiva mucho a la gente.

¿Encuentras relación entre el compromiso, la motivación y el alcance de resultados?

Sí, totalmente. La gente comprometida es la que está dispuesta a dar esa milla extra para alcanzar los resultados y la excelencia.

La cultura de compromiso es fundamental, y sobre todo cuando estás en una compañía que es número uno y que lidera el mercado necesitas gente que sea número uno, no en cuanto a la competencia, pero sí a la excelencia que es algo que tenemos que buscar siempre; buscar el valor agregado.

Me refiero a un compromiso en común, que tú mires a los costados y veas el mismo esfuerzo y grado de involucramiento. Más que el compromiso del individuo, tiene que ser el compromiso del grupo o de la organización, por lo que para mí ahí la cultura se vuelve vital.

Para mí también la clave para alcanzar los resultados es un poco el paradigma que está cambiando, y es que las personas siempre tienen que estar primero. Si trabajas con gente que está al mismo nivel, los resultados se maximizan, porque el compromiso es otro. Por eso también hoy se habla tanto de *people experience,* porque la experiencia que tiene el empleado dentro de una compañía es fundamental para el alcance de los objetivos.

El modelo anterior de planta de producción donde había una ventana y el dueño te litigaba, está completamente obsoleto. Ahora todo es confiar en la gente. La gente quiere dar lo mejor de sí misma, quiere trabajar en un lugar donde está contenta y ahí va a dar lo mejor. Para mí no es gente versus resultados; al contrario, la gente maximiza los resultados.

Por lo tanto, el compromiso se genera si confías en las personas y si les das ese espacio para la creación y la innovación, además de la cultura como gran capitalizador. Trabajando el compromiso en esos dos planos, los resultados se alcanzan.

¿Cuál fue el momento de tu carrera profesional en que tuviste que tomar una decisión que te costó mucho definir? ¿Por qué te costó? ¿Nos puedes compartir cómo lo resolviste? ¿Si hoy tuvieras esa misma inquietud, la resolverías de igual manera?

Un gran momento fue cuando decidí cambiarme al área de People. No era un área fácil, por el nivel de profesionales y por ser el *core* de la cultura de una compañía.

En esa época me acuerdo de haber recibido un feedback muy duro, que recuerdo que me dolió. Yo también era mucho más joven, inexperta, sangre caliente y me faltaba la madurez para no tomármelo como algo personal.

Recuerdo que luego de esa reunión de feedback decidí juntarme con dos líderes que respetaba mucho y que me conocían para que me ayudaran a procesar las cosas que tenía por mejorar y cómo podía construir las nuevas relaciones. Finalmente implementé todo lo que me dijeron en las distintas instancias.

De esa situación aprendí que siempre hay más cosas en común con el otro que diferencias. A veces no decir las cosas genera una escalada sin sentido, entonces hay que hablar, comunicarse, decirle al otro, ya sea tu líder o tu compañero, si tienes miedo de algo, si algo te preocupa, si algo no te gusta como se está manejando. Aprendí que la comunicación es fundamental.

Destaco que es muy importante elegir mentores en tu carrera (como yo tuve en ese ejemplo). Los mentores son personas que tienen más experiencia que tú, que quizás tuvieron más camino que tú, y que puedes tener esa confianza de sentarte a hablar y decirle: "Oye, tengo este problema". Es alguien que está fuera de la situación, que es mucho más objetivo y que lo ve desde otro lado, puede ver el bosque mientras tú estás viendo el árbol, y te ayuda a transitar tu camino.

Desde ese momento lo puse siempre en práctica, hoy tengo dos mentores que cada tanto los contacto para conversar.

De mi aprendizaje puedo remarcar que todo es conversable, que no hay que dejar de decir lo que uno piensa, sino que hay que buscar los espacios porque si no después todo explota. Y por otro lado, hablar con gente que tenga más experiencia que yo y que me ayude a destrabar el problema.

¿Qué mensaje final te gustaría dejar?

Me gustaría destacar que la humildad, la curiosidad y el aprendizaje continuo ya no son competencias del futuro sino del presente. Creo que hoy esos valores son esenciales, tanto en el trabajo como en la vida.

Hoy, en una sociedad y en una realidad donde todo está cuestionado, donde ya no hay verdades absolutas y todos tenemos el mismo acceso a la información, donde todo se debate y todos tenemos derecho a la opinión, el famoso "sabérselas todas" atrasa. Pensar que manejar esa información es poder, es muy antiguo. Al mismo tiempo, hay que poner foco en la colaboración, la cooperación, la conexión y el aprendizaje.

Para un líder o una líder lo importante es incentivar a que tus equipos aprendan, que se cuestionen, que quieran ir por más, que no piensen que la realidad es esto, sino que la realidad puede cuestionarse y rehacerse.

En un mundo donde ya no hay nada cierto, donde todo está en veremos, la diversidad de pensamiento es un gran diferenciador. Y que la actitud puede con todo, tú puedes haber ido al mejor colegio, a la mejor universidad, pero lo que hace la diferencia y multiplica es la actitud, las ganas. Es sobre tus ganas, de querer aprender, de querer hacer. No importa si te equivocas, anímate y dale para adelante. Nadie es dueño de la verdad absoluta y todo depende de uno. Las posibilidades, como dije al principio, ahora son mucho más amplias.

Teresa Torralva

Teresa es doctora en Medicina y licenciada en Psicología. Es fundadora del Instituto de Neurología Cognitiva (INECO) y directora del Departamento de Neuropsicología y Rehabilitación Cognitiva de la misma institución (INECO), Buenos Aires, Argentina.

Es profesora titular de Neurociencias de la Universidad Favaloro y directora de varios posgrados de Neuropsicología y Rehabilitación Cognitiva en la misma universidad

Es investigadora del Laboratorio de Neuropsicología y Lenguaje del INCYT (Instituto de Neurociencia Cognitiva y Traslacional - Fundación INECO), Buenos Aires, Argentina. Ha publicado más de setenta artículos científicos en diversas revistas de prestigio internacional relacionadas con su especialidad.

Es autora del libro Cerebro adolescente, *de Editorial Paidós, y editora de varios libros de su especialidad, tales como* Tratado de Neuropsicología Clínica, *de Akadia, y* Rehabilitación cognitiva. De la teoría a la práctica clínica, *de Editorial El Ateneo, entre otros.*

Es directora ejecutiva y presidenta de la Fundación INECO, Buenos Aires, Argentina.

Gracias Teresa por tu tiempo. Escuchamos en los últimos años hablar mucho sobre neurociencias. ¿Es realmente tan importante conocer el funcionamiento de nuestro cerebro para nuestro vivir? ¿Por qué?

En realidad las neurociencias y el conocimiento del cerebro son unos de los mayores retos que se presentan a la ciencia al momento.

Porque la comprensión del cerebro humano entendemos que es la base para la comprensión del futuro que anhelamos o queremos.

Desde cómo funciona la enseñanza, la economía, las ciencias religiosas, la política, las relaciones humanas, todo aquello que reside en nuestro cerebro. Y por primera vez en la historia tenemos la tecnología necesaria para responder a las preguntas que nos hemos hecho siempre, para comprender el funcionamiento del cerebro humano y para comprender "los productos del cerebro"; es decir, la mente, la consciencia, la comunicación y la inteligencia.

Sabemos que las neurociencias o el cerebro humano es el principal reto para la salud, ya que hay más de mil enfermedades y trastornos que afectan al sistema nervioso central, generan más hospitalizaciones que cualquier otro grupo de enfermedades, incluidas las cardiovasculares o también una enfermedad como el cáncer. Según la OMS (Organización Mundial de la Salud), las enfermedades neurológicas afectan a más de mil millones de personas, y eso sin contar las adicciones o los trastornos mentales que también afectan directamente al cerebro. Los costos se estiman en un rango de más de un billón de euros al año solamente en la Unión Europea.

Por otro lado, estudiar el cerebro es estudiar lo que nos hace mayormente humanos. A la hora de definir qué es un ser humano lo relacionamos con diferentes ámbitos que exploran las neurociencias, somos la especie que habla y cuenta historias alrededor de una fogata, la que escribe cuentos de hadas, la que hace música, la que baila y que realiza actos negativos también. Somos la especie cuyo cerebro creció, cuya fuerza evolutiva no fue la fuerza bruta o la rapidez, sino más bien la inteligencia y la resolución de problemas. Somos la especie que entierra a sus semejantes, que consiguió volar, que bajó a las fosas oceánicas y que también subió al Everest. Que no se conforma con una existencia cómoda, sino que anhela encontrar otro seres en la galaxia y que busca una explicación a su propia existencia.

Las neurociencias cognitivas han llegado, y han venido para quedarse. El término en sí, neurociencias, se introdujo en los años 90 pero hoy sabemos que las neurociencias se aplican en diversos ámbitos, tales como la psicología, la medicina, la biología, la filosofía, la economía, la literatura, la ética, el marketing, el derecho.

Te he escuchado comparar al lóbulo frontal como el CEO o director de orquesta de nuestro cerebro. ¿Qué funciones lo caracterizan?

El lóbulo frontal es el asiento de nuestras funciones ejecutivas. Las funciones ejecutivas son las capacidades mentales necesarias para la formulación de metas, para la planificación de cómo lograrlas y la posibilidad de llevar ese plan adelante eficientemente. También podemos decir que son las habilidades necesarias para mantener un set apropiado de resolución de problemas para lograr un objetivo futuro, y son el grupo de funciones responsables, interrelacionadas, para una conducta orientada a objetivos, siendo el conductor que controla, organiza y direcciona la actividad cognitiva, las respuestas emocionales y la conducta.

Las funciones ejecutivas pueden dividirse en frías y calientes; las primeras están específicamente relacionadas con la organización, la planificación, la toma de decisión más racional, la priorización, la memoria de trabajo, etc. En cambio, las funciones ejecutivas calientes, son aquellas relacionadas con la cognición social; es decir, las relacionadas con el otro, con el reconocimiento de las emociones, con la teoría de la mente, con la toma de decisión más de tipo emocional, con el apego, con la empatía y con los juicios morales. Estas funciones ejecutivas calientes se relacionan con zonas más anteriores de nuestros lóbulos frontales (corteza orbitofrontal).

Si otras áreas del cerebro se dañan, uno sabe que pueden dañarse funciones como el lenguaje, la memoria o la percepción. Pero si el daño está en los lóbulos frontales, estas funciones podrían estar preservadas pero la esencia del individuo se ve alterada. Es decir, que todo cambia cuando lo dañado son los lóbulos frontales. Lo que se pierde no es un atributo de la mente, sino la mente en sí misma.

Es interesante señalar que hace no tanto tiempo se creía que los lóbulos frontales, en especial la parte más anterior de ellos, no tenían utilidad alguna, pero luego del estudio específico del caso Phineas Gage, donde luego de una herida en las áreas anteriores de los lóbulos frontales cambió su personalidad dejando de ser la persona que era (*Phineas Gage was no longer Gage*). Pudimos entender que estas áreas del cerebro están vinculadas con las funciones ejecutivas llamadas calientes; es decir, con la cognición social, la teoría de la mente, la interpretación de las emociones propias y las de los otros y con la empatía.

O sea, que se relaciona directamente con nuestra capacidad de toma de decisiones, nuestra capacidad para inhibir respuestas inapropiadas, para planificar y ejecutar un plan de acción, para ponernos en el lugar del otro y para poder discernir qué pautas establece cada sociedad sobre lo que está bien y lo que está mal.

Todo eso está a cargo de este comandante en jefe o CEO de nuestro cerebro que son las funciones ejecutivas. En conclusión: las funciones ejecutivas son las habilidades para controlar nuestros pensamientos, nuestras emociones y nuestras conductas para lograr un objetivo específico.

Teniendo en cuenta eso podemos darnos cuenta de la importancia y relevancia que tiene el entrenamiento y el conocimiento acerca de las funciones ejecutivas para lograr cualquier objetivo en nuestra vida.

Las funciones ejecutivas están conformadas por un grupo de funciones más específicas, tales como la memoria de trabajo, que es la capacidad que nos permite el almacenamiento y la manipulación de la información por un breve lapso; por ejemplo, recordar un número telefónico y luego desecharlo, tener en mente que previo a realizar una acción debemos parar y hacer otra, etc.

Por otro lado, el control inhibitorio es otra función ejecutiva de gran importancia en nuestra vida cotidiana. Es la capacidad que tenemos para suprimir o interrumpir una respuesta previamente activada y resistir la distracción de estímulos externos. El control inhibitorio se va desarrollando a medida que avanza la maduración y el desarrollo de nuestros lóbulos frontales, lo que sucede alrededor de los veinticinco años. Requerimos del control inhibitorio para decidir cuando ya no podemos tomar otra copa de vino, cuando debemos dejar el celular y comenzar a estudiar o trabajar, y cuando es hora de irnos a dormir o descansar.

Otra función ejecutiva es la capacidad de planificar, de plantear metas para el futuro pero involucrando procesos intermedios que implican la resolución de problemas, la organización del tiempo y los recursos para poder llevar a cabo alguna acción.

En conclusión: nuestras funciones ejecutivas son aquellas funciones necesarias para lograr un objetivo, sea el que fuere en cada momento, en cada día de nuestra vida cotidiana.

¿Hay evidencias de diferencias entre el cerebro masculino y el femenino? ¿En qué aspectos?

Es un tema complejo, con muchas aristas, pero existen algunas hipótesis y muchos estudios que describen las diferencias (si es que las hubiere) entre el cerebro masculino y el femenino.

De hecho, la hipótesis más fuerte con la que quiero empezar es la hipótesis de *gender similarities* (similitudes de género) que indica que en realidad somos más parecidos que diferentes entre ambos géneros, y que cuando existen diferencias estas son relativamente pequeñas. Es decir, somos bastante más parecidos en todas nuestras funciones cerebrales y en la anatomía de nuestro cerebro que diferentes *per se*.

Aun así, podemos afirmar con cierta seguridad que el bagaje cultural, la educación, la práctica de determinadas actividades y los niveles hormonales tienen una importante influencia sobre la cognición y sobre la emoción. Es decir, que el ambiente y nuestras actividades transforman nuestro cerebro.

Existen varias hipótesis, más allá de esta que habla de la similitud de los géneros. Por un lado, las teorías socioculturales que tienen que ver justamente con que las diferencias físicas y socioculturales de las mujeres y de los varones han sido las responsables de que exista cierta diferenciación entre los géneros. Durante mucho tiempo la búsqueda de las parejas, la búsqueda de la comida, la protección de la familia, o cada una de las funciones que cumplía tanto la mujer como el hombre en diversos momentos históricos impactó sobre la anatomía y funcionalidad del cerebro en cada uno de los géneros.

Por otro lado, existe la teoría evolutiva, cuya premisa central es que la selección natural conlleva el diseño del cerebro con determinado programa especializado para resolver un problema que es recurrente en su vida cotidiana. De esta manera, considera que los problemas recurrentes del género masculino son diferentes de los problemas recurrentes del género femenino, por lo que esto se va a traducir directamente en una diferencia específica en el cerebro.

Hay otras teorías vinculadas con la exposición hormonal del cerebro, tanto de estrógenos como de testosterona (en hombres y mujeres) y otra hipótesis de la selectividad donde se hace hincapié en el uso diferencial de estrategias para procesar determinada información. Los hombres utilizan estrategias más de tipo selectivas y específicas, mientras que las mujeres más las de tipo integrativas.

Mas allá de la existencia de estas hipótesis y muchos estudios descriptivos, lo cierto es que no hay demasiados estudios consistentes con respecto a grandes diferencias entre los cerebros femenino y masculino.

En estos momentos tan especiales que estamos viviendo, la resiliencia, plasticidad o una mayor adaptación a los cambios tienen una relevancia en el liderazgo. ¿Sabemos algo al respecto científicamente?

Las neurociencias cognitivas, que son aquellas ciencias que tienen como objeto el estudio sistemático de los procesos de la mente y que intentan descubrir los procesos neurobiológicos que les subyacen, intentan conocer más sobre un concepto que es clave para nuestra vida familiar y laboral, que es la plasticidad cerebral. Esta fue observada hace más de cincuenta años por Donald Hebb, quien propuso que la supervivencia de un terminal sináptico, y por ello la de las neuronas que lo forman, depende, si no en su totalidad al menos en parte, de su continua estimulación. Esto se ejemplifica fácilmente con el principio de "úsalo o piérdelo". El aprendizaje hebbiano, entonces, se refiere a que los cambios de las fuerzas en las conexiones existentes van a determinar el funcionamiento del cerebro. Es por ello que tan fuertemente hablamos de la importancia del uso y entrenamiento de nuestras funciones/conexiones neuronales. Es decir, si uno sabe la importancia del entrenamiento, puede entonces fomentar acciones que hagan que uno entrene con más intensidad determinada función.

La plasticidad neuronal o la mente plástica se relaciona, por un lado, con la neurogénesis; es decir, con el crecimiento de nuevas neuronas. Hoy en día ya sabemos que cuando uno realiza determinada actividad, genera o fomenta en algunos casos y en algunos lugares específicos del cerebro el llamado crecimiento neuronal. Por otro lado, el entrenamiento de una función también genera la llamada sinaptogénesis, que significa el aumento de sinapsis; es decir, más y mejores conexiones entre las neuronas

De hecho, muchos estudios han demostrado cómo la experiencia modifica el cerebro. Estudios con taxistas londinenses han demostrado que aquellos personas que tenían más tiempo siendo taxistas tenían un aumento en el área del cerebro relacionada con la memoria espacial, el hipocampo derecho. Y que esta correlación era directamente proporcional, es decir, cuantos más años como taxistas mayor tamaño del hipocampo derecho y mayor *expertise* en esa función. Y así ha habido estudios con músicos, con mozos, demostrando que cuanto mayor *expertise* en determinadas funciones, mayores conexiones cerebrales. O sea, que estos experimentos han demostrado que la experiencia modifica definitivamente el cerebro.

Es difícil evidenciar alguna diferencia entre la plasticidad del cerebro femenino y la del masculino, ya que, como dijimos anteriormente, nuestro cerebro se va transformando y adaptando a nuestras experiencias y a nuestro medio ambiente. Por lo cual es interesante pensar que a medida que las mujeres y los hombres comienzan a tener mayores similitudes en sus actividades cotidianas, probablemente las diferencias en el cerebro se vuelvan casi imperceptibles.

¿Podemos científicamente inferir alguna diferencia en la comunicación/lenguaje, desde el punto de vista de las neurociencias, entre las mujeres y los hombres?

Se cree, y algunos estudios así lo demuestran, que las

mujeres tenemos un 11% más de neuronas en áreas relacionadas con el lenguaje y con la audición; pareciera desprenderse de esos estudios que las mujeres sabemos expresarnos mejor o más bien nos hemos entrenado en expresarnos mejor, especialmente en materia de emociones.

Por otro lado, y desde el punto de vista evolutivo y ontológico, las mujeres tenemos más desarrollada el área del lenguaje, probablemente porque hemos sido más entrenadas en la comunicación con nuestros hijos, siendo en general el rol de la mujer el estar con sus hijos y cuidarlos. Como he comentado anteriormente, eso se ha visto modificado en la actualidad, considerando que los roles de la mujer y de los hombres en relación con el cuidado de sus hijos son más equitativos.

¿Puedes seguir afirmando con sustento científico que tenemos mayor empatía que los hombres?

Existe una serie de estudios sobre las diferencias entre hombres y mujeres relacionados con las emociones que reportan que las mujeres tenemos una mayor capacidad para ponernos en el lugar de otra persona, mayores niveles de empatía y de teoría de la mente, y una mayor capacidad para llegar a acuerdos que los hombres. Además, relacionándolo con lo dicho antes en cuanto al lenguaje, utilizamos con mayor amplitud el lenguaje para expresarnos emocionalmente. Es decir, que por un lado pareciera que tenemos una mayor habilidad para ponernos en el lugar del otro quizás basado en un mayor entrenamiento, y además un mayor lenguaje vinculado con la expresión de las emociones en particular.

En resumen, las mujeres pareciera que somos más perceptivas emocionalmente, más reactivas a los estímulos emocionales, así como también que experimentamos las emociones con mayor frecuencia e intensidad, mientras que los hombres serían más eficientes en la regulación emotiva.

Las neuronas espejo juegan un papel también en este asunto. Sabemos que llamamos neuronas espejo a las estructuras que se encuentran en la corteza prefrontal y en el lóbulo parietal inferior que sirven especialmente en los procesos de imitación, imprescindibles para desarrollar la empatía y comprender a los demás. Es habitual oír, aunque no hay evidencia contundente al respecto, que las mujeres disponen de mayor cantidad de neuronas espejo que los hombres. Esto no está del todo claro, pero los estudios sugieren que las mujeres tendríamos más facilidad para empatizar con lo que nos rodea y de esa forma aprender de estas experiencias.

¿Consideras que la mujer tiene mayor habilidad de administrar varias cuestiones al mismo tiempo, el famoso *multitasking*?

La multitarea o *multitasking* también es una función ejecutiva que consiste en la habilidad que tenemos para realizar simultáneamente múltiples tareas con el fin de alcanzar algunas metas y submetas, y la toma de decisiones que implica considerar posibles resultados positivos o negativos asociados con una decisión específica de acción. Con respecto a esta función, habitualmente se considera que las mujeres somos más hábiles para realizar varias tareas a la vez en comparación con los hombres, sin embargo, lo cierto es que, aunque las mujeres en general estamos más entrenadas que los hombres en la realización de diversas tareas, lo que se ha visto en varios experimentos es que ambos géneros son capaces de realizar varias tareas a la vez. Algunos estudios demostraron que cuando las mujeres presentan un pico en su nivel de estrógenos (hormonas responsables del desarrollo de los caracteres sexuales secundarios en mujeres a partir de la pubertad) parecieran ser más efectivas o más eficientes para la realización de la multitarea. A partir de esto podemos afirmar que hay momentos particulares en los cuales las mujeres tenemos una eficacia mayor para el *multitasking*.

Por otro lado, existen estudios que demuestran fuertemente que las mujeres somos más vulnerables al estrés que los hombres. Las mujeres, por un lado, tendríamos una mayor sensibilidad que los hombres, con una mayor prevalencia de síntomas de depresión, aunque son los hombres quienes a largo plazo tienen mayor riesgo de sufrir problemas cardíacos.

¿Qué factores impactan en la toma de decisiones? ¿Cuál es el rol de la emoción en la toma de decisiones? ¿Difiere entre hombres y mujeres?

Con respecto a la toma de decisiones, los resultados de 56 estudios sobre emoción demostraron un patrón de activación diferencial en la corteza medial prefrontal, en el cíngulo anterior (es el *gyrus* cortical más prominente de la superficie medial del cerebro), en el polo frontal y en el tálamo, a favor de los hombres. Las mujeres mostraron una activación diferente en la amígdala, el hipocampo y en las regiones del cerebro medio. Es decir, lo que se demostró en estos estudios es que las mujeres y los hombres tienen patrones diferenciales para la toma de decisión en el procesamiento de la información. Los hombres se basan en mayor medida en información global, mientras que las mujeres tomamos las decisiones basadas en información más detallada y específica.

No significa que haya una mejor o una peor toma de decisiones, sino que la toma de decisión activa diferentes partes del cerebro y además que está basada en información diferencial, una más general y otra más específica especialmente relacionada con las emociones.

El reconocimiento emocional es muy importante y juega un rol crítico en la toma de decisiones, y está involucrado directamente en casi todos los comportamientos sociales. La toma de decisión involucra aspectos emocionales y aspectos racionales, y por eso muchas veces se ve sesgada por nuestra emocionalidad.

Es común en las organizaciones hablar de que las mujeres tenemos una observación más amplia y general (o de "*big picture*") mientras que los hombres son más detallistas y profundos. ¿Existe algún argumento desde las neurociencias para esta hipótesis?

No directamente que yo sepa. Sin embargo, algunos estudios demuestran que las mujeres disponen de un mayor número de fibras nerviosas en una parte de nuestro cerebro llamado cuerpo calloso que une ambos hemisferios. En esos estudios se demuestra la existencia de una conectividad más especializada en el cerebro del hombre (intrahemisférica), mientras que en el cerebro de la mujer pareciera haber una interconectividad, una interacción o una conversación entre ambos hemisferios más fuertemente relacionada (interhemisférica).

Desde las neurociencias ¿podemos explicar cómo nos autoevaluamos, o dicho de otro modo, cuán críticos podemos ser con nuestras propias conductas y emociones?

Claro que sí. Una función ejecutiva muy importante es la llamada metacognición, que es la capacidad que tenemos de pensar acerca de los propios procesos mentales y el estado de nuestro propio conocimiento. Los seres humanos, somos los únicos animales que podemos evaluar nuestras propias conductas y pensar acerca de nuestros propios pensamientos y emociones.

¿Y qué papel juega la memoria en relación con nuestra ejecutividad?

La memoria también tiene un componente ejecutivo especialmente relacionado con la organización y la estrategia necesarias para poder ir a buscar aquella información que alguna vez almacenamos. Para poder recordar determinada información necesitamos recuperar esa información que ya está almacenada previamente y eso se logra a través de nuestro funcionamiento ejecutivo. Este sistema se encarga de guardar la información de tal manera que tenga fácil acceso para su recuperación.

Todos los procesos de cognición social, como la empatía, la teoría de la mente, la toma de perspectiva y los juicios morales, son y forman parte de las llamadas "funciones ejecutivas calientes". Sabemos que las funciones ejecutivas sí o sí juegan una función central en el establecimiento de objetivos y en la creación de planes de acción necesarios para obtener esas metas. Selecciona las habilidades cognitivas necesarias para implementar los planes que hacemos, para coordinar dichas habilidades y aplicarlas en el orden correcto.

Finalmente, la corteza prefrontal y las funciones ejecutivas son las responsables de evaluar nuestras acciones como de éxito o de fracaso.

Nuestro funcionamiento ejecutivo, ¿predice nuestro comportamiento futuro?

Es interesante comprender cómo las funciones ejecutivas son predictoras de nuestras habilidades sociales, ya que se correlacionan fuertemente con nuestra capacidad de relacionarnos con el otro y son predictoras de un mejor desempeño académico. También sabemos que las funciones ejecutivas son predictoras de nuestra salud física y emocional. Las personas que tienen la capacidad de planificar y organizar sus vidas probablemente sientan un mayor bienestar físico y emocional cuando utilizan las diversas estrategias. También podemos destacar que son predictoras de un crecimiento económico y de la capacidad de ahorro. Por último, podemos afirmar que las funciones ejecutivas son predictoras de una mayor capacidad de resiliencia. Personas más ejecutivas logran salir fortalecidas de las adversidades.

El entrenamiento y el conocimiento de nuestro funcionamiento ejecutivo puede, de alguna manera, determinar o favorecer un mayor bienestar general de vida.

¿Qué mensaje final te gustaría dejarnos en relación con las diferencias entre hombres y mujeres?

Diría que apoyo la hipótesis de la similitud de géneros (*Gender Similarities*), donde en realidad somos más parecidos que diferentes, y que cuando existen esas diferencias en funciones tales como el lenguaje, la empatía (mujeres) y las habilidades visoespaciales o la memoria visual (hombres), probablemente estas diferencias sean muy pequeñas. Somos más parecidos que diferentes, pero recordemos que el bagaje cultural, la educación, la práctica y los niveles hormonales tienen, sin lugar a dudas, una influencia sobre la cognición y la emoción en ambos géneros.

Hay muchos estudios relacionados con la ética, la ansiedad, la regulación emocional, la sensibilidad, la confianza, la competitividad, los estilos parentales, la capacidad de compras, el nivel de exposición a riesgos, el grado de enojo, el poder; es decir, hay estudios en diversos dominios, pero lo cierto es que no hay evidencia contundente para hablar de una diferencia particular entre el cerebro del hombre y el de la mujer. Nuestro cerebro es plástico, se adapta y se especializa según nuestro ambiente y nuestras acciones cotidianas.

Testimonio 16

Karen Vizental

*Karen es vicepresidenta de Asuntos Corporativos y Sustentabili-
dad de Unilever para América Latina y el Cono Sur.*

*Desde su posición, es representante de la Junta de Compañías
en la Comisión Directiva de la Alianza Latinoamericana de
Asociaciones de la Industria de Alimentos y Bebidas. Además,
durante 2018 Karen fue delegada CoChair del Grupo de Trabajo de Sistemas Alimentarios Sostenibles del B20, en representación de Unilever.*

*Además de su perfil corporativo, Vizental es atleta de alto
rendimiento. En los últimos años ha participado en campeonatos
y torneos como representante de la República Argentina. Desde
este lugar busca vincular su carrera profesional y competitiva a
través del management orientado a resultados. Ha llevado a cabo
diversas iniciativas con la Federación Atlética Metropolitana con
el objetivo de promover el deporte como herramienta de crecimiento
y desarrollo para las nuevas generaciones.*

Gracias Karen por tu tiempo. ¿Qué nos quisieras contar de ti?

Soy mamá de dos varones Bauti y Dimas, deportista de alto rendimiento y miembro del Directorio de Unilever Argentina y Latam.

Foco, determinación y pasión son tres palabras que me describen y conceptos que aplican tanto a mi vida personal, como deportiva y profesional.

¿Consideras que las mujeres tenemos las mismas oportunidades que los hombres en cuanto al desarrollo profesional de las carreras organizacionales?

Para mí las oportunidades ahora sí están dadas. Creo que hoy se empieza a mirar un poco más el perfil y las capacidades independientemente de una cuestión de género. Pero si tuviera que extrapolar esto a la época en la que yo empecé, te diría que no era lo mismo.

Primero porque creo que las mujeres que aspirábamos a tener alguna posición de liderazgo éramos muchas menos, al igual que lo eran las oportunidades, pero era así por una cuestión netamente cultural. La mujer avanzó mucho en ese terreno al pedir lo que quiere, al poder expresar que quiere tener una carrera dentro de una organización. Creo que a veces las mujeres somos mucho más tímidas para pedir que los hombres.

Pienso que es una cuestión más cultural pero también de decisiones. Creo que uno tiene que entender muchas veces que para tener ciertos roles de liderazgo hay algunas cosas que hay que dejar, y en ese equilibrio entre tomar y dejar en algunos casos hace que las mujeres no lleguemos a esas posiciones de liderazgo.

Para llegar a donde llegué tuve que decidir que viajaba mientras mis hijos se quedaban en casa teniendo cinco o siete años, de hecho, este es el primer año que dejo de ser nómada, por decirlo de alguna manera.

Mis hijos están acostumbrados a que viaje. Entonces la decisión de poder tomar ese rol de liderazgo, por lo menos en mi caso, liderazgo más regional, hace que también haya algunas cosas que no estoy tomando, quizá el no poder estar todos los días en mi casa, de tener el cien por ciento de mi base en la Argentina.

Me parece que hoy sí están dadas las condiciones, pero también hay que entender que cuando uno toma esos roles tiene que elegir con qué te quedas y con qué no. Muchas veces en ese tomar y dejar es donde se produce el *gap*, porque si vas a mandos medios sabes que hay un núcleo mayor de mujeres, el tema es cuando llegas a lo más alto. Hay mucho que se pierde cuando se pasa a los mandos más jerárquicos, y me parece que si es por decisión está muy bien, el problema surge cuando es por omisión.

¿Cómo definirías tu estilo de comunicación poniendo más el foco con tu equipo de trabajo?

En estos últimos cinco años el equipo que tengo está conformado por gente desde México hasta Argentina, en casi todos los mercados de Latinoamérica. Si bien tengo *clusters* de trabajo, están divididos en distintos países, con lo cual tengo aproximadamente treinta y pico de personas con distintas funciones y con diferentes responsabilidades.

Parte también de ese equipo conforma el *board* del mercado que lideramos. Nosotros estamos divididos en distintas áreas dentro de la región de Latinoamérica, tenemos una función en los directorios de esos *clusters*, de alguna manera. Y yo pertenezco al directorio de Argentina, y al mismo tiempo al de Latinoamérica y al directorio Global de Comunicaciones, al *leadership team* de comunicaciones a nivel global.

Así es como está conformado hoy mi equipo en este amplio espectro de mercados y realidades. Pero que está atravesado por un eje común que es Latinoamérica, que tiene una impronta muy distinta del resto de los mercados, porque yo a nivel global veo qué pasa en cada lugar, en Asia, en Europa. Hay características que son similares, comunes, y que cortan transversalmente la región.

Tengo una comunicación extremadamente fluida y organizada porque al estar en distintos directorios y al tener tanta responsabilidad, eso hace que tenga que estar mucho más ordenada. Pero también mi comunicación es bastante informal. Dejo los canales formales, de alguna manera, para pasar a espacios más informales, hablar por WhatsApp o llamar directamente si lo necesito.

Cuando tengo que resolver algo, trato de que sea de una manera rápida, efectiva y no burocrática en cuanto a la comunicación, no es que mande un email y espero que me respondan.

Soy muy directa, muy frontal, muy cristalina y así es como me relaciono con mi equipo. Creo que una de las ventajas que tengo, en una multinacional muy grande, es que mi equipo es chico comparado con otras áreas como Marketing o Supply Chain, por eso tengo la posibilidad de vincularme con todos los niveles dentro de la función.

Puedo relacionarme con un pasante como lo hago con un asistente o con mi director. De ese modo, tengo una interacción mucho más fluida con el equipo, lo cual me permite estar mucho más cerca. Desde ese punto de vista está bien, aunque por otro lado muchas veces me encuentro tomando decisiones un poco más operativas en las cuales no debería estar, pero trato de participar porque es la oportunidad que tiene mi equipo de estar cerca del líder de alguna manera y poder tener un aprendizaje que quizá en otras áreas no sea posible.

Mi comunicación roza entre lo formal para organizarme, pero lo informal para llevar a cabo la función. Y a veces soy muy frontal y transparente, creo que doy el feedback sumamente claro, que no quedan grises; pero bueno a mí particularmente me funciona de ese modo. Por supuesto, debo de tener millones de cosas para corregir y estoy en ese aprendizaje de corrección, pero eso me permite también empoderar al equipo.

Si no puedo ir a algún lugar siempre estoy eligiendo a alguien de mi equipo para que vaya, no creo que se tenga que suspender porque yo no esté, salvo que mi presencia para el otro sea la presencia que necesite y quiere.

¿Hace cuánto que estás en Unilever? Y ¿cómo manejas el equilibrio entre la vida profesional y tus dos hijos?

En Unilever hace cinco años que estoy, previamente tenía una posición muy similar en GlaxoSmithKline, el laboratorio inglés, durante seis años.

Los últimos diez años me la pasé viajando, y mis hijos tienen 17 y 14 años. Mi primer hijo nació cuando trabajaba en el equipo de Louis Vuitton y mi segundo hijo cuando estaba trabajando en consultoría. Están como muy acostumbrados porque también en la consultoría viajaba mucho, me iba todos los días al centro.

Mis hijos saben que tienen una mamá que trabaja 24 horas los siete días de la semana, que viaja y que hay veces que no está. Este creo que fue el año que mayor cantidad de horas estuve en mi casa, lo cual no significa que haya estado todo el tiempo con mis hijos. Pero sí trato de no faltar en los momentos importantes, si hay alguna reunión de colegio o algún evento que requiera de mi presencia trato de cambiar mi agenda para poder acompañarlos. A su vez, yo hago deporte de alto rendimiento y tengo una agenda bastante compleja desde ese punto de vista.

Pero mis hijos aprendieron también a acompañarme en eso. A veces le digo al más chico: "¿Hiciste la tarea?", y me responde: "Y cómo sabes que no la hice si estás todo el día encerrada o no estás en casa". Pero bueno, es parte de la vida, y yo siempre les digo: "Si quieren mañana puedo dejar de trabajar y me quedo más tiempo con vosotros", y me dicen que no.

Pensando en la comunicación y en el liderazgo, ¿qué te es más fácil y qué te es más difícil hoy versus diez años atrás?

Hoy es mucho más fácil porque las nuevas generaciones tienen otras maneras de comunicarse, dejan un poco la formalidad y te generan esa cuestión de desafío diario, de buscar alternativas, de entender que hay otro lenguaje, otras formas de comunicarse. Y, por otra parte, se abrieron terriblemente los canales de comunicación.

¿Qué es más difícil? El poder entender y cerrar ese *gap* que se da con tus equipos. En mi caso, en mi equipo tengo gente que tiene 20 años y otros tienen 40, allí hay un *gap* que cerrar y entender.

Me parece que lo importante del liderazgo es qué le deja uno a su equipo y cómo puede ayudarlo a desarrollarse. Eso también implica entender y empatizar con el otro, aun cuando estén esas diferencias generacionales. Ese es el gran desafío que tenemos: cómo entendemos y cómo nos acercamos a generaciones que piensan de una manera distinta, que tiene otros intereses, que no son ni buenos ni malos, son distintos, y que eso también cuestiona a los nuestros.

Siempre cuento una anécdota que me pareció emblemática con mi hijo cuando le dije: "Bauti, si tienes que levantarte a las ocho, te levantas a las ocho porque el día de mañana cuando tengas que trabajar en una empresa…", y me responde: "¿Y quién te dijo que yo quiero trabajar en una empresa? Tú estás acostumbrada a ser una empleada, yo voy a tener mi propia empresa y voy a tener mis propios empleados".

Él tiene una perspectiva distinta, y poder acercarte y entender esa mirada desde la comunicación creo que a veces es complejo porque uno no lo vivencia.

Cómo nos acercamos y achicamos ese *gap* para realmente sacar el mejor potencial de tu equipo de trabajo, de esa interacción que se da entre distintas generaciones que conviven hoy dentro de los equipos. Ese es uno de los grandes desafíos que tenemos los líderes en este momento.

Mi equipo es sumamente diverso: distintas zonas, distintos países, distintas formas de pensar, pero sobre todo un rango de edad bastante amplio. Ahora hay una multiplicidad de canales y de formas de llegar que son diferentes de las que había antes.

Si pienso en lo que cambió, creo que la evolución, la madurez también te va llevando por un camino mucho más de repensar algunas cuestiones para que sean más fáciles, pero porque ya tropezaste en algún lugar antes y corregiste algunas cuestiones. Pero, como todo, las épocas tienen lo bueno y lo malo, lo difícil o lo fácil, y creo que hoy estoy mucho más preparada para eso que hace varios años atrás.

Siguiendo con la comunicación, ¿cómo piensas que va a evolucionar en los próximos años?

Respecto de la evolución, pienso que va a estar un poco atada al contexto que vivimos hoy. A partir de esta pandemia que estamos atravesando nos dimos cuenta de que quizá la virtualidad nos permite trabajar siendo efectivos, eficientes y con el mismo nivel de rendimiento, y eso hace que la comunicación cambie porque se empieza a entremezclar la virtualidad y la presencialidad.

El diálogo empieza a ser mucho más sincero, abierto y mucho más diverso porque uno empieza a incluir más la diversidad, que es algo que antes no estaba. Desde ese lugar, creo que va a ser mucho más enriquecedor.

Soy optimista, siempre creo que lo que está por venir es mejor que lo que tenemos hoy porque uno en particular y la sociedad en general tendemos a evolucionar de alguna manera. También pasa que en esta cuestión de la diversidad los líderes que hoy están van a tener que aprender a cerrar ese *gap* y entender al que tienen enfrente. Seguramente van a surgir nuevos líderes que ya vienen con una impronta y van a tener que enfrentarse a nuevos desafíos.

Al mismo tiempo, hay una cuestión de transparencia. El que hoy no tenga una buena comunicación, no pueda llegar a sus equipos, no va a estar validado por su gente y creo que el líder es aquel que puede ser validado por sus propios equipos y el que los ayuda a crecer. El líder tiene que ir sabiendo que su equipo creció.

Quienes trabajen contigo van a ayudarte a tener una comunicación mucho más directa, franca, cercana y mucho más clara porque si no, no te van a validar. Siempre la comunicación va siendo mejor porque uno va aprendiendo. En ese aprendizaje y en este contexto, que nos marcó un antes y un después, creo que va a haber grandes cambios también.

¿Ves alguna diferencia entre la comunicación masculina y femenina?

La mujer, en líneas generales es un poco más simpática, cercana, un poco más maternal de alguna manera. Igualmente a mí me parece que son distintos tipos de liderazgo.

No lo definiría como de hombre o mujer, digamos "X", que hoy es muy diverso ese "X", y me parece que está buenísimo que así sea porque es una representación de lo que es la sociedad. Pero me da la sensación de que la mujer es como un poco más empática, tiene un poder de escucha un poquito mayor. Igualmente, creo que el liderazgo se puede ejercer de una u otra manera con independencia del género.

Las mujeres tenemos ciertas cualidades distintas de las de los hombres, y el hombre tiene distintas cualidades de las que tenemos nosotras, por lo que creo que ambos hacen diferentes tipos de liderazgo. Los rasgos dependen mucho de las organizaciones y no sé si englobarlo entre hombre y mujer.

¿Hay alguna líder mujer, principalmente organizacional o política, que admires?

No sé si tengo una líder mujer que admire o que mire. En realidad, no se si miré mucho a alguien, pero si tengo que tomar a algún referente, lo tomo a mi abuelo.

No tengo a alguien de alguna empresa que diga que admiro. Por ahí me gustan características de determinadas mujeres o cuestiones, pero no me identifico con ninguna mujer; la verdad es que nunca me puse a pensarlo. Por lo general sí traté de ver las cosas que no me gustaban para tratar de no repetirlas.

Y me pasó, tuve jefas mujeres de las cuales diría que no me gustaría ser como una de ellas; no me gustaría estar en el rol de liderazgo femenino y sacarme a las mujeres que tengo a mi alrededor, por ejemplo.

Mi peor jefe hasta ahora fue mujer, no de la empresa en la que trabajo, y su liderazgo no me gustó. Ahora tengo una jefa mujer con la cual me llevo bárbaro, pero no por una cuestión de llevarme bien sino por su modo de liderazgo.

¿Qué características tenía esa mujer líder que dices "eso yo no quiero imitarlo"?

No quiero imitar eso de hablar mucho del liderazgo femenino, de llevar adelante una gran organización pero sacarte a las mujeres de encima, el trato era muy distinto con los hombres y las mujeres, y era muy evidente.

A las mujeres les exigía más o tenía más afinidad con los hombres, que puede pasar también, pero la verdad es que fueron los dos peores años de mi vida corporativa. Hay mujeres que cuando llegan arriba tienen que demostrar ese poderío y necesitan mostrarlo todo el día, y no es el estilo que a mí me gusta.

Puede ser también porque era más joven, pero la verdad es que no la pasé bien, no me gustó, y me dije: "Esto no me gustaría hacerlo nunca".

Creo que una líder que me llamó mucho la atención es Emma Walmsley, la CEO del laboratorio GlaxoSmithKline; la tuve cuando trabajaba en el área de Consumer Healthcare, después pasó a ser la número uno de Glaxo.

La recuerdo con una impronta tremenda, cuando caminaba se cortaba el aire, muy directa, dura y frontal, pero iba a lo granular como correspondía. Una persona de esas que dices: "Me encanta su estilo", cuando hablaba se ponía de pie y se dirigía a la gente, su sola imagen hablaba de ella, de esa líder que te inspira respeto.

Emma fue alguien con quien me tocó trabajar y era muy metódica; ella decía: "Bueno, a tal hora yo me voy porque tengo que ocuparme de tal cosa de mis hijos y después tengo tal agenda, y acá se termina tal cosa, y acá empieza tal otra". La verdad, tenía un cargo altísimo y te dabas cuenta con solo mirarla.

Me parece que es una de esas mujeres líderes difíciles pero muy interesantes de mirar. Emma estuvo en China y de verdad tenía cargos muy buenos, recuerdo una frase de ella que me quedó grabada: "Me casé bien, con la persona adecuada que es quien me acompaña y me ayuda con mis hijos", porque hay que ser la CEO de la empresa número uno de uno de los principales laboratorios del mundo.

Una líder con una comunicación motivadora más allá de su dureza, de su impronta física (mujer alta de pelo corto) pero con un mensaje inspirador.

Si tuvieras a alguien que está tomando una función de liderazgo, ¿qué cosas le dirías que no haga y qué le recomendarías que sí?

En cuanto al sí, le diría que preste atención en desarrollar su equipo, en ser validada por él, ya que el líder se forma con el equipo, es la cuestión de cómo te valida el otro, cómo trabajas con tu equipo. A mí me parece que la sinceridad y la transparencia son valores innegociables.

Lo que le diría que no haga es que no crea que está en una situación de poder por asumir un liderazgo, porque para mí no hay mejor líder que aquel que es validado por su gente.

Me parece que esa cosa de imponer, de sentirse "superior a" no va, hoy estamos en una posición de liderazgo y quizá mañana no lo estemos, porque la vida es así y nos va llevando y derivando.

Básicamente le diría que esa posición es una gran oportunidad para mostrar que uno puede ser un buen líder, que puede trabajar en un equipo y que tiene la posibilidad de construir algo.

¿Crees que la comunicación influye en la motivación de la gente?

Sí, creo que la comunicación influye mucho. Considero que hay dos tipos de comunicación para tener en cuenta; para mí es una característica que tengo que mejorar por eso la traigo a colación, es que uno comunica no solo con las palabras sino también con los gestos, con la cara, con la mirada y con las actitudes.

Me parece que la comunicación es muy importante, y aquello que uno dice tiene que ser acompañado con las actitudes, los actos y también con lo gestual. A mí me pasa muchas veces que quizá estoy en una situación muy calma, pero mi cara denota furia o enojo y pongo caras que yo sé que el otro las percibe y es algo que tengo que trabajar, soy muy expresiva y gestual.

La comunicación es clave porque donde no hay comunicación hay algo que se rompe, algo que no está, que se interrumpe. Es sumamente importante que lo que se diga se cumpla, que lo discursivo tenga que ver con la acción y sobre todo entender que la comunicación no ocurre solamente cuando hay un error.

¿Encuentras relación entre el compromiso, la motivación y el alcance de resultados?

Te diría que sí, que por supuesto la comunicación, la motivación y además la escucha están relacionadas, y también el feedback porque si no parece que es toda una comunicación unidireccional que nunca vuelve a la persona que lo dio.

Uno puede tener ideas, puede motivar, pero quizás lo que está necesitando el otro es otra cosa, y poder escuchar lo que está necesitando, estar abierto a otras ideas o poder traer nuevas miradas a la mesa también me parece importante. Y eso es lo que genera un buen diálogo, que unido a la motivación permite que se llegue a los resultados del negocio.

Muchas veces los líderes nos detenemos en esa situación de "esto es lo que a mí me parece que hay que hacer" y está bueno que el equipo desafíe ese *statu quo*, que el equipo te pueda desafiar y decir: "Nosotros tenemos otra mirada, ¿la podemos ver, la podemos compartir? ¿Te podemos llevar por este camino distinto de como tú lo ves?".

Me parece que el ida y vuelta es muy importante, tanto para el equipo como para la vida.

¿Cuál fue el momento en tu carrera profesional en que tuviste que tomar una decisión que te costó mucho definir? ¿Hoy harías lo mismo?

Tengo dos respuestas a eso. La primera es que en mi vida profesional decidí no involucrarme en la empresa familiar, donde pude haberme quedado y haber estado en una situación mucho más cómoda. En patear un poco el tablero y el *statu quo* del lugar de donde venía mi familia, dos mujeres no profesionales no universitarias, por decirlo de alguna manera.

Mi padre y mi abuelo tuvieron un frigorífico súper emblemático, que más tarde se vendió a Swift y fue la quinta empresa exportadora de la Argentina, después de YPF en su momento. Muy vinculada al *establishment* del gobierno y demás. Y yo elegí no ser parte de eso, decidí hacer una carrera universitaria, salirme del mandato familiar, ser la chica que tenía que ir a estudiar a Suiza.

Y la verdad es que ya eso fue una decisión, pero no tenía en claro hacia dónde quería ir, desde el punto de vista profesional. Solo sabía que quería estudiar, hacer algo distinto, patear el tablero, pero no sabía por dónde comenzar.

Decidí no trabajar en la empresa familiar y que quería desarrollarme en otro lugar, y en esa exploración fui encontrando distintos caminos. Hacerme un lugar, mi mamá me impulsó a que hiciera lo que sentía, ella falleció cuando yo tenía 25 años, justo cuando estaba en pleno despegue de eso, pero pude lograrlo.

Es el día de hoy que mi padre todavía no entiende por qué estoy tanto tiempo dedicada a la vida laboral y dejo a mis hijos cada vez que viajo, pero porque viene de otra cultura, tiene un hermano y la única hermana mujer que tenía trabajó solamente un tiempo en la empresa familiar. Ahora todas (primas y hermanas) somos profesionales que estamos haciendo carrera afuera porque después la empresa se vendió. Esa fue una decisión importante para mi carrera profesional.

Después, estando ya en la vida corporativa, cambié un par de veces de rumbo sin darme cuenta cuáles podían ser las consecuencias, y sin embargo eso no hizo que no me pudiera volver a reinsertar en la vida laboral ni en la vida corporativa.

De hecho, cuando nace mi segundo hijo, Dimas, decido salir de la vida laboral en relación de dependencia y me pongo una consultora con una muy amiga mía y comienzo a transitar ese camino para poder organizarme mejor.

Después terminé trabajando también 24 horas diarias porque era mi propio cadete, mi propia jefa, todo. A mí me encanta la vida corporativa y me dije: "Si alguna vez tengo que volver, volveré, y si no seguiré con la consultora que me va bárbaro".

Y ahí me llamaron de Glaxo, justamente por mi perfil, por haber armado mi propia empresa. Ellos tenían que armar desde cero toda el área de Latinoamérica y necesitaban a alguien que pudiera hacerlo con una mirada de *entreprenuer*. La oportunidad para volver estaba, y la tomé.

Mi hijo ya tenía tres años, hablé con mi socia, eso también fue una decisión difícil después de estar siete años juntas, pero ella sabía que yo era un bicho corporativo y que ahí iba nuevamente.

Fueron decisiones de pensar que algún día podría salir, otro día podría volver si se me daba la oportunidad. Tampoco tenía esa preocupación de volver a la vida corporativa y no creía que pudiera estar 25 años en una misma compañía.

Y nunca me imaginé que estando en Glaxo, me iban a llamar para ingresar a Unilever.

Se dio una búsqueda de una empresa donde por lo general la gente tiene 20 o 25 años dentro de la compañía, directorios de gente que hizo su vida profesional ahí, pero bueno acá estoy, entré y también fue un desafío.

Siempre digo: "Es como que me subí al bondi que iba al viaje de egresados a Bariloche", pero no conocía a nadie y estoy muy contenta de las decisiones que tomé y creo que las volvería a tomar.

Lo que sí volvería a hacer es una carrera mucho más asociada al negocio, no iría por el área de comunicación sino por una carrera más relacionada con las empresas y quizá me hubiese especializado en comunicación.

Hoy la comunicación pasa por entender el negocio, y a medida que empiezas a entender el negocio vas a ser mucho más efectiva y le vas a generar mayor valor, que es lo que yo les digo a las chicas que ingresan.

El negocio es el mismo acá, allá y en cualquier lugar, pero sí tengo que entender los números y entender cuál es el peso relativo del precio de un producto dentro del IPC (Índice de Precio del Consumidor), cómo destrabar temas regulatorios, cómo leer la PNL, entre otras cosas.

A mí me parece que el aprendizaje, el estar afuera, experimentar distintas cosas te genera un estilo y un conocimiento mucho más amplio que estar 25 años en una misma compañía, porque no creo tener ese perfil, soy muy inquieta y en mi carrera pude construir una mirada más amplia.

¿Qué mensaje final te gustaría dejar? Y si hay alguna pregunta que no te hice y que te gustaría responder.

Mi mensaje final es que se animen, que exploren. Que el ser líder es parte de un aprendizaje, no es que se nace líder.

Me parece muy importante tomar las oportunidades que se presenten, a veces uno no va a estar preparado cien por ciento, pero es como todo en la vida, no se está lista para ser madre y sin embargo uno toma esa oportunidad y decisión, en este caso pasa exactamente lo mismo.

También saber pedir lo que uno quiere, lo que uno necesita y lo que considera que vale su trabajo. Me parece que es algo que todavía las mujeres tenemos que seguir explorando y aprendiendo porque a mí todavía hoy me pasa que digo: "¿Le voy a pedir esto?". "¿Y por qué no?, si los hombres van y lo piden?" Y si hay un espacio y yo quiero ese lugar, decir: "Yo quiero ese lugar, quiero competir para ganarme ese puesto. Considero que tengo las capacidades para ese rol, dame esa oportunidad o por lo menos déjame estar en ese lugar".

Pienso que las barreras son para sortearlas, no para que me frenen el camino, es como el río que cuando no encuentra el cauce va encontrando los distintos lugares para llegar al mar.

Me parece que aquellas que tengan realmente ganas de liderar, y liderar es hacer lo que uno quiere, aquello que te hace feliz, pueden hacerlo en su casa, en un deporte, donde decidan hacerlo. No se lidera solamente en las organizaciones, el liderazgo es mucho más amplio que tener un rol ejecutivo en una organización.

Que las que se sienten líderes, que lo ejerzan con la libertad y con la humildad necesarias.

Bibliografía

Alonso, L. E. (1998). *La mirada cualitativa en sociología. Una aproximación interpretativa*. Madrid, Fundamento.

Álvarez Teijeiro, C.; Farré, M. y Fernández Pedemonte, D. (2002). *Medios de comunicación y protesta social en la crisis argentina*. Buenos Aires, Ediciones La Crujía.

Alzás García, T. y otros (2016). *Revisión metodológica de la triangulación como estrategia de investigación*. Burgos, Universidad Internacional Isabel I.

Arias Valencia, M. M. (2000). *La triangulación metodológica: sus principios, alcances y limitaciones*. Medellín, Universidad de Antioquia.

Argyris, C. (2009). *Conocimiento para la acción, una guía para superar los obstáculos del cambio en la organización*. Buenos Aires, Ediciones Granica.

Arrueta, C.; Brunet, M. y Guzmán, J. (2010). *La comunicación como objeto de estudio*. Santiago del Estero, Ediciones DASS.

Austin, J. L. (2008). *Cómo hacer cosas con palabras. Palabras y acciones*. Buenos Aires, Ediciones Paidós.

Bauman, Z. (2010). *Mundo-consumo, Ética del individuo en la aldea global*. Buenos Aires, Ediciones Paidós.

Benadiba, L. y Plotinsky, D. (2001). *Historia oral. Construcción del archivo histórico escolar. Una herramienta para la enseñanza de las ciencias sociales*. Buenos Aires, Novedades Educativas.

Berger, P. y Luckmann, T. (2001). *La construcción social de la realidad*. Argentina, Amorrortu Editores.

Berry, P. (2010). "Communication Skills for Women in The World of Corporate Business: Getting it Right and Moving Up!", *American Journal of Business Education*. Vol. 3, Num. 1 (pp. 83-90). Universidad Jacksonville, EE.UU.

Berryman-Fink, C. (1985). "Male and Female Manager's Views of the Communication Skills and Training Needs of Women in Management". *Public Personnel Management*, Vol. 14, Num. 3.

Bistué, M. T. (2014), *Evaluación del estilo de liderazgo femenino en el ámbito empresario de la ciudad de Panamá* (tesis de doctorado), Universidad de Swiss Business School.

Blackmore, S. (2010). *Conversaciones sobre la conciencia*. Barcelona, Paidós Ibérica.

Bloch, S. (2007). *Al alba de las emociones. Respiración y manejo de las emociones*. Santiago de Chile, Uqbar Ediciones.

Bohm, D. (2011). *Sobre el diálogo*. Barcelona, Editorial Kairós.

Boyatzis, R. y McKee, A. (2005). *Resonant Leadership*. Estados Unidos, Harvard Business School Press.

Brafman, O. y Beckstrom, R. A. (2007). *La araña & la estrella de mar*. España, Empresa Activa.

Canter, R. J. (2000). "Communication Style as a Barrier". *Law Practice Quarterly*, Vol. 28, Num. 1.

Cárdenas de Santamaría, M. C. (2005). "La conciencia femenina de la mujer colombiana y su liderazgo empresarial", *Revista de Empresa*, N°11. Colombia.

Cardoso, A. R. y Winter-Ember, R. (2010). "Female-Led Firms and Gender Wage Policies", *Indus.& Lab. Rel. Rev*, 143. Vol. 64, Num. 1.

Case, S. (1985). *A Sociolinguistic Analysis of the Language of Gender Relations, Deviance, and Influence in Managerial Groups* (tesis doctoral). Universidad de New York, EE.UU.

Chamorro Premuzic T. y Gallop C. (2020). "7 Leadership Lesson Men can Learn From Women", *Harvard Business Review*. Recuperado de: https://hbr.org/2020/04/7-leadership-lessons-men-can-learn-from-women

Chiavenato, I. (2005). *Administración de los nuevos tiempos*. Colombia. Editorial McGraw-Hill Interamericana.

Choudhary, A. I.; Akhtar, A. S. y Zaheer, A. (2013). "Impact of Transformational and Servant Leadership on Organizational Performance: A Comparative Analysis ", *Journal of Business Ethics*, Vol. 116, Num. 2.

Claes, M. (1999). "Women, Men and Management Styles", *International Labour Review*. Vol. 138, Num. 4.

Cohen, L. R. (1983). "Nonverbal (Mis)Communication Between Managerial Men and Women", *Business Horizons*.

Collins, R. (2009). *Cadenas de rituales de interacción*. Barcelona, Anthropos Editorial.

Covey, S. R. (2011). *El 8° hábito. De la efectividad a la grandeza*. Argentina, Ediciones Paidós.

—— (2011). *Los 7 hábitos de la gente altamente efectiva*. Argentina, Ediciones Paidós Plural.

Daft, R. (2011). *Teoría y diseño organizacional*. México, Cengage Learning.

Darlington-Dawes, D. (2001). *The Relationship Between Communication Styles and Personality Characteristics: An Investigation of Managers*. (tesis doctoral). Universidad de Howard, EE.UU.

De Sousa Santos, B. (2009). *Una epistemología del Sur*. México, CLACSO coediciones.

De Souza Minayo, M. C. (2009). *La artesanía de la investigación cualitativa*. Argentina, Lugar Editorial.

Debeljuh, P. y Las Heras, M. (coord.). (2010). *Mujer y liderazgo. Construyendo desde la complementariedad*. México. LID Editorial Mexicana.

Echeverría, R. (2003). *Ontología del lenguaje*. Chile, Sáez Editor.

—— (2006). *La empresa emergente, la confianza y los desafíos de la transformación*. Buenos Aires, Ediciones Granica.

—— (2007). *Actos de lenguaje. Volumen I: La escucha*. Buenos Aires, Ediciones Granica.

—— (2009) *Escritos sobre aprendizaje. Recopilación*. Chile, J. C. Sáez Editor.

Elias, N. (2009). *El proceso de la civilización. Investigaciones sociogenéticas y psicogenéticas*. México, Fondo de Cultura Económica.

Elizalde, L. (1998). "Los jóvenes y sus relaciones cotidianas con los medios", Argentina, Universidad Austral, *Cuadernos Australes de Comunicación*, Facultad de Ciencias de la Información.

—— (2003). *Comunicación de masas y espacio público en Habermas*. Argentina, Universidad Austral Facultad de Comunicación.

Encuesta Indicadores Laborales SSPEyEL y MTEySS sobre la base de datos del Indec y Cippec en el 2do. trimestre 2017. Argentina. Recuperado del sitio web: :https://www.argentina.gob.ar/sites/default/files/informe_ctio_documentodetrabajo.pdf

Faga, P. y otros. (2013). *Radiografía de la comunicación interna en la Argentina*. Argentina, BW Comunicación Interna.

Ferguson, P. R. (2001). *Tracking the Communicative Impact of Women in Top Management Teams* (tesis doctoral). Universidad de Memphis, EE.UU.

Fontichiaro, J. K. (2002). *It's Like Owning my Own Business. Organizational Entry and Communication Styles of Women in Automotive Retail* (tesis doctoral). Universidad de Michigan, EE.UU.

Frankl, V. (1979). *El hombre en busca de sentido.* Barcelona, Herder Editorial.

Gallup Panel Studies. (2015). *State of the American Manager, Analytics and advice for Leaders.*

—— (2017). *State of the American Workplace.*

Gibbs, G. (2012). *El análisis de datos cualitativos en Investigación Cualitativa.* Madrid, Ediciones Morata.

Goleman, D.; Boyatzis, R. y McKee, A. (2003). *El líder resonante crea más. El poder de la inteligencia emocional.* Buenos Aires, Editorial Sudamericana.

Groys, B. (2008). *Bajo sospecha. Una fenomenología de los medios.* España, Pre-textos.

Habermas, J. (1999). *Teoría de la acción comunicativa I. Racionalidad de la acción y racionalización social.* España, Taurus Ediciones Santillana.

—— (1992). *Teoría de la acción comunicativa II. Crítica de la razón funcionalista.* España, Taurus Ediciones Santillana.

Hamel, G. (2012). *Lo que importa ahora. Cómo triunfar en un mundo de cambios implacables, competencia feroz e innovación sin barreras.* Argentina, Grupo Editorial Norma.

Hernández Sampieri, R.; Fernández Collado C. y Baptista Lucio, P. (2010) *Metodología de la investigación.* Quinta edición. México, McGraw-Hill Educación.

Holt, S. y Marques, J. (2012). "Empathy in Leadership. Appropriate or Misplaced? An Empirical Study on a Topic that is Asking for Attention", *Journal of Business Ethics.* Vol. 105, Num. 1.

Institute for Women's Policy. Research The Gender Wage Gap. EE.UU 2018. Recuperado de: https://iwpr.org/wp-content/uploads/2019/04/C480_The-Gender-Wage-Gap-by-Occupation-2018-1.pdf

Jaworksi, J. (2008). *Sincronicidad. El camino interior hacia el liderazgo.* Argentina, Ediciones Paidós Plural.

Kahneman, D. (2011). *Pensar rápido, pensar despacio.* Estados Unidos.

Katayama Omura, R. J. (2014). *Introducción a la Investigación Cualitativa. Fundamentos, métodos, estrategias y técnicas.* Perú, Universidad Inca Garcilaso de la Vega.

Knott, K. B. y Natalle, E. J. (1997). "Sex Differences, Organizational Level, and Superiors' Evaluation of Managerial Leadership. *Management Communication Quarterly.* Vol. 10, Num. 4. EE.UU.

Kofman, F. (2005). *Metamanagement. Cómo hacer de su vida profesional una obra de arte*. Tomo 1 - *Principios*. Buenos Aires, Ediciones Granica.

—— (2005). *Metamanagement. Cómo hacer de su vida profesional una obra de arte*. Tomo 2 - *Aplicaciones*. Buenos Aires, Ediciones Granica.

—— (2005). *Metamanagement. Cómo hacer de su vida profesional una obra de arte*. Tomo 3 - *Filosofía*. Buenos Aires, Ediciones Granica.

Kotter, J. (2002). *The Heart of Change. Real-life Stories of How People Change their Organizations*. Estados Unidos, Harvard Business School Press.

Lagarde, Ch. (2019). "Un imperativo mundial: empoderar a las mujeres es crucial para la economía y la población de todos los países", *Revista Finanzas y Desarrollo del Fondo Monetario Internacional*. Recuperado de: https://www.imf.org/external/pubs/ft/fandd/spa/2019/03/pdf/fd0319s.pdf

Lämsä, A. y Sintonen, T. (2001). "A Discursive Approach to Understanding Women Leaders in Working Life", *Journal of Business Ethics*. Vol. 34, Num. 3 y 4.

Lee, J. (1999). "Leader-Member Exchange, Gender, and Member's Communication Expectations with Leaders", *Communications Quarterly*. Vol. 47, Num 4.

Leocata, F. (2003). *Persona, lenguaje, realidad*. Argentina, Universidad Católica Argentina.

Lepchitz, R. (2012). *Perceived Muted Voices and its Impact on Female Communication Techniques in the Workplace* (tesis doctoral). Universidad de Gonzaga, EE.UU.

Lewis, K. M. (2000). "When Leaders Display Emotions: How Followers Respond to Negative Emotional Expression of Male and Female Leaders", *Journal of Organizational Behavior*. Vol. 21, Num. 2.

Linardi, A. (2020). *La comunicación como herramienta de gestión de las líderes mujeres con sus equipos de trabajo en la República Argentina*. (tesis doctoral) ADEN University Campus Panamá.

—— y Cortina, M. (2017). *Marketing para Recursos Humanos. Comunicaciones internas para la marca empleador*. Buenos Aires, Ediciones Granica.

López Rosetti, D. (2016). *Ellas. Cerebro, corazón y psicología de la mujer*. Buenos Aires, Ediciones Planeta.

—— (2017). *Emoción y sentimientos*. Buenos Aires, Ediciones Planeta.

Luhmann, N. (2006). *La sociedad de la sociedad*. México, Editorial Herder.

Lussier, R. y Achua, C. (2008). *Liderazgo: teoría, aplicación y desarrollo de habilidades*. México, Editorial Cengage Learning.

Malek, M. M. A. y Jaguli, A. R. (2018). "Generational Differences in

Workplace Communication", *Journal of Asian Pacific Communication.* Vol. 28, Num. 1.

Matsa, D. A. y Miller, R. A. (2013). "A Female Style in Corporative Leadership? Evidence from Quotas", *American Economic Journal: applied economies.* Vol. 5, Num. 3.

Maturana Romesín, H. (2008). *El sentido de lo humano.* Buenos Aires, Ediciones Granica.

—— (2011). *La objetividad, un argumento para obligar.* Buenos Aires, Ediciones Granica.

Maturana Romesín, H. y Varela, F. (1994). *El árbol del conocimiento.* Chile, Editorial Universitaria.

—— y Verden-Zoler, G. (2011). *Amor y juego, fundamentos olvidados de lo humano desde el patriarcado a la democracia.* Buenos Aires, Ediciones Granica.

Maxwell, J. (2010). *Everyone Communicates few Connect.* Estados Unidos, Thomas Nelson.

McGregor, J. y Tweed, D. (2001). "Gender and Managerial Competence: Support for Theories of Androgyny?", *Women in Management Review.* Vol. 16, Num. 5 y 6.

McKinsey & Lean en *Women in Workplace* (2018). EE.UU. Recuperado de https://wiw-report.s3.amazonaws.com/Women_in_the_Workplace_2018.pdf

—— en *Women in Workplace* (2020). EE.UU. Recuperado de https://wiw-report.s3.amazonaws.com/Women_in_the_Workplace_2020.pdf

Michael Page. Lo que quieren los millennials y centennials en el trabajo (2019). Recuperado de: https://www.michaelpage.com.co/advice/centro-de-clientes/consejos-para-la-selección-y-atracción-de-talento/lo-que-quieren-los-millennials-y

Medina-Vicent, M. (2014). *Hacia un liderazgo femenino de corte transformacional en la dirección de las organizaciones empresariales.* Departamento de Filosofía y Sociología, Universidad Jaume I de Castellón, España.

Moreno, A. (2017). "Male and Female Communication, Leadership Styles and the Position of Women in Public Relations", *Interaction Studies in Communications & Culture.* Vol. 8, Num. 2 y 3. Universidad Rey Juan Carlos, España.

Monod, J. (1970). *El azar y la necesidad. Ensayo sobre la filosofía natural de la biología moderna.* Editorial digital Antwan Epulibre.

Oakley, J. G. (2000). "Gender-Based Barriers to Senior Management Positions: Understanding the Scarcity of Female CEOs", *Journal of Business Ethics.* Vol. 27, Num. 4.

OCDE Organización para la Cooperación y el Desarrollo Económico. Data de la brecha de Género. Global. (2019). Recuperado de: https://data.oecd.org/earnwage/gender-wage-gap.htm

Olney, C. A. (1985). *The Effect of Communicator Gender, Nonverbal, Communication Style, and Respondent Gender on Managers' Task and Social Attractiveness* (tesis de master). Universidad de Arizona, EE.UU.

ONU Programa de Naciones Unidas para el Desarrollo (2014). Informe Género en el Trabajo. Argentina. Recuperado de: https://www.undp.org/ content/dam/argentina/Publications/Desarrollo%20 Humano/PNUD%20ARGENTINA%20_Aportes_8.pdf

Organización Internacional del Trabajo (2021). *Observatorio de la OIT. La Covid-19 y el mundo del trabajo.* Recuperado de: https://www.ilo. org/ wcmsp5/groups/public/—dgreports/—dcomm/documents/ briefingnote/ wcms_767045.pdf

Pearce, W. B. (1989). *Communication and the Human Condition.* Estados Unidos, William Jerman.

Penley, L. E.; Elmore, R. A. y Henwood, E. (1991). "Communication Abilities of Managers: The Relationship to Performance", *Journal of Management.* Vol. 17, Num. 1.

Perozo, R. y Reyes Bracho R. (2017). "Comunicación y estilos de liderazgo femenino en el sector asegurador", *Centro de investigación de Ciencias Administrativas y Gerenciales.* Vol. 15, Núm. 1. Universidad Dr. Rafael Belloso Chacín, Venezuela.

Pizarro, M. (2008). *El "mundo" de la prensa argentina. ¿Qué es la noticia internacional para* La Nación *y* Clarín*?,* Argentina, Universidad Austral, Facultad de Comunicación.

Popper, K. (1985). *Realismo y el objetivo de la ciencia.* Madrid, Editorial Tecnos S.A.

—— (1988). *Conocimiento objetivo.* España, Madrid, Editorial Tecnos S.A.

—— (1993). *Búsqueda con esperanza.* Buenos Aires, Editorial de Belgrano.

Rodenstein, E. (2003). "El gobierno de la empresa, las regulaciones y las soluciones de mercado", Argentina, Instituto Universitario ESEADE *Revista Libertas* 39.

Rubin, R. S.; Munz, D. C. y Boomer, H. W. (2005*).* "Leading from Within: The Effects of Emotion Recognition and Personality on Transformational Leadership Behavior", *The Academy of Management Journal.* Vol. 48, Num. 5.

Rulicki, S. y Cherny, M. (2011). *Comunicación no verbal. Cómo la inteligencia emocional se expresa a través de los gestos.* Buenos Aires, Ediciones Granica.

Sánchez, B. S. (2014). "Liderazgo y género. Análisis de las divergencias conceptuales y sus efectos en la teoría y práctica feminista", *Quaderns de Psicologia*. Vol. 16, Num. 1. Universitat de Barcelona. España.

Santa Olalla Santa, J. B. (2018). *La transmisión de autoridad al hablar en público en hombres y mujeres:. Diferentes errores, mismo resultado* (tesis doctoral). Universidad Complutense de Madrid.

Sautú, R.; Boniolo, P.; Dalle, P. y Elbert, R. (2005). *Manual de metodología. Construcción del marco teórico, formulación de los objetivos y elección de la metodología*. Argentina, CLACSO.

Sautú, R. (2003). *Todo es teoría. Objetivos y métodos de investigación*. Argentina, Ediciones Lumiere.

Schein, E. (1985). *La cultura empresarial y el liderazgo*. España, Plaza & Janés Editores.

—— (2004). *Organizational Culture and Leadership*. Estados Unidos, Jossey-Bass a Wiley imprint, 3a. edición.

Schneider, D. J. (2007). *Effect of Gender-related Communication Differences and Awareness of Gender-related Communication Barriers on Communication Effectiveness* (tesis doctoral). Universidad de Capella, EE.UU.

Seidman, D. (2007). *How, Why How we do Anything Means Everything... in Business (and in Life)*. Estados Unidos, John Wiley & Sons, Inc.

Senge, P. (2006). *La quinta disciplina en la práctica. Estrategias y herramientas para construir la organización abierta al aprendizaje*. Buenos Aires, Ediciones Granica.

—— (2007). *La quinta disciplina. El arte y la práctica de la organización abierta al aprendizaje*. Buenos Aires, Ediciones Granica.

—— (2009). *La revolución necesaria. Cómo individuos y organizaciones trabajan para un mundo sostenible*. Argentina, Grupo Editorial Norma.

Sierra Bravo, R. (1998). *Técnicas de investigación social. Teoría y ejercicios*. España, Editorial Paraninfo.

Sheil, A. (2003). *The Structuration of Brain Dominance on Organizational Communication: A Correlational Study* (tesis doctoral). Universidad de Tennessee, Knoxville. EE.UU.

Smeltzer, L. R. y Werbel, J. D. (1986). "Gender Differences in Managerial Communication: Fact or Folk-linguistics?", *The Journal of Business Communication*. Vol. 23, Num. 2. Universidad de Louisiana, EE.UU.

Taleb, N. N. (2009). *El cisne negro. El impacto de lo altamente improbable*. Buenos Aires, Ediciones Paidós.

Taylor, C. (2006). *La cultura del ejemplo*. Buenos Aires, Editorial Aguilar.

Tessi, M. (2012). *Comunicación interna en la práctica. Siete premisas para la comunicación en el trabajo*. Buenos Aires, Ediciones Granica.

Thomas, S. E. (2005). *Feminist and Masculine Values and Their Effects on Female Managerial Positions in Nonprofit and Corporate Public Relations* (tesis de master). Universidad de Virginia, EE.UU.

Thoroughgood, C. N.; Sawyer, K. B.,y Hunter, S. T. (2013). "Real Men don't Make Mistakes: Investigating the Effects of Leader Gender, Error Type, and the Occupational Context on Leader Error Perceptions", *Journal of Business and Psychology*. Vol. 28, Num. 1.

Tomasello, M. (2008). *Origins of Human Communication.* Inglaterra, Massachusetts Institute of Technology.

—— (2010). *¿Por qué cooperamos?* España, Katz Ediciones.

Ton, Z. (2014). *The Good Jobs Strategy, How the Smartest Companies Invest in Employees to Lower Costs & Boost Profits.* Estados Unidos, MIT Sloan School of Management, Houghton Mifflin Harcourt.

Torres, C, F.; Ortiz P. E. J. y Restrepo, X. M. (2012). "La mujer y el liderazgo empresarial", *Grupo de investigación en Perdurabilidad Empresarial* (GIPE). Vol. 8, Núm. 1. Universidad del Rosario.

TWBA (2021). *Edges, 2021. 40 Cultural Shifts Shaping Our World. Year Zero.* EE.UU.

Valles, M. (1999). *Técnicas cualitativas de investigación social. Reflexión metodológica y práctica profesional.* España, Editorial Síntesis.

Varela, F. (2005) *Conocer: las ciencias cognitivas. Tendencias y perspectivas.* España, Editorial Gedisa.

Vasilachis de Gialdino, I. (coord.). (2013). *Estrategias de investigación cualitativa.* Argentina, Editorial Gedisa.

Vries, R.; Bakker-Pieper, A. y Oostenveld, W. (2010). "Leadership = Communication? The Relations of Leaders' Communication Styles with Leadership Styles, Knowledge Sharing and Leadership Outcomes", *Journal of Business and Psychology*. Vol. 25, Num. 3.

Waitsman, M. (2009). *Reading Between the Lines: Reactions to Gendered Managerial Communications* (tesis académica). Universidad de Clemson, EE.UU.

Watzlawick, P.; Bavelas, J.B. y Jackson, D. D. (1983) *Teoría de la comunicación humana. Interacciones, patologías y paradojas.* Barcelona, Editorial Herder.

Wilkins, B. M. y Andersen, P. A. (1991). "Gender Differences and Similarities in Management Communication a Meta-analysis", *Management Communication Quarterly*. Vol. 5, Num. 1. EE.UU.

Williams, A. C. (1979). *An Experimental Study of the Effects of Assertiveness in the Interpersonal Communication Style of a Woman Manager on Perceptions of Managerial Effectiveness, Credibility Ratings, and Attitudes Towards Women as Managers* (tesis doctoral). Universidad de Florida, EE.UU.

Winter, J. K.; Neal, J. C. y Waner, K. K. (2001). "How Male, Female, and Mixed Gender Groups Regard Interaction and Leadership Differences in the Business Communication Course", *Business Communication Quarterly*. Vol. 64, Num. 3. Central Missouri State University, Warrensburg.

Wodak, R. y Meyer, M. (2003). *Métodos y análisis crítico del discurso*. España, Editorial Gedisa.

Wolf, M. (1994) *La investigación de la comunicación de masas*. España, Ediciones Paidós.

World Economic Forum. The Global Gender Gap Report. (2018). Recuperado de: http://www3.weforum.org/docs/WEF_GGGR_2018.pdf

——(2020). Recuperado de: http://www3.weforum.org/docs/WEFGGGR_2020.pdf

Zanotti, G. (2005). *Hacia una hermenéutica realista*. Argentina, Universidad Austral.

—— (2011). "Filosofía de la ciencia y realismo, Los límites del método". Colombia, Universidad Sergio Arboleda. Revista de difusión científica *Civilizar Ciencias Sociales y Humanas*.

Acerca de la autora

Andrea Linardi

Doctora en Dirección de Empresas DBA de la Universidad Alta Dirección ADEN University, Panamá. Cuenta con un máster en Administración de Empresas de la UCES, Argentina, y es licenciada en Relaciones Públicas de la UADE, Argentina.

Coautora del libro *Marketing para Recursos Humanos. Comunicaciones internas para la marca empleador*, Buenos Aires, Ediciones Granica, 2017.

Está certificada en Coaching Ontológico en Newfield Consulting Echeverría & Universidad del Desarrollo, Chile; además es diplomada en Biología Cultural: Habilidades para la Transformación Cultural en las organizaciones en la Escuela Matríztica de Santiago H. Maturana, Chile. Certificada internacional en Benziger Thinking Styles Assessment. Cursó el Programa de Desarrollo Directivo en el IAE Business School, Argentina.

Socia Fundadora en Al Grupo Humano, consultora enfocada en la gestión con personas en organizaciones.

Ponente focalizada en personas y negocios en congresos y seminarios en México, Chile, República Dominicana, Guatemala, Perú, Costa Rica, Paraguay, Honduras, Ecuador y Argentina, en temáticas tales como LiderazgoOnline - Women Executive Management - Marca Empleador - Feedback Efectivo - Conversaciones Difíciles - Accountability - Diversidad - Cambio Cultural - Engagement - Emociones - Employee Experience - Empoderamiento.

Después de 24 años en diversas funciones ejecutivas en el área comercial de empresas de productos masivos, tales como Philip Morris Kraft Food y Cepas Argentinas, Gancia, Bacardi, Martini, vuelca su experiencia hacia una mirada integral de negocios focalizada en la gestión con personas en organizaciones.

Es directora académica de la especialización en Coaching Ejecutivo en Aden Business School y en The George Washington University, EE.UU. Docente en la Panamerican Business School de Guatemala, ENAE Business School de España, y en la Universidad de Belgrano y Universidad Austral en la Argentina. Es también Instructora en programas de Coaching y Outdoor en el IAE Business School de Argentina.

Recibió el Premio Illiminuis 2012 a la Excelencia en Desarrollo Ejecutivo otorgado por la Universidad de Ciencias Empresariales y Sociales, Argentina.

Escribe en diarios y revistas sobre la gestión de las personas y su impacto en el mundo de los negocios.

Se declara como una aprendiz eterna (*life-time learner*), promueve que leer, reflexionar, curiosear, intentarlo, equivocarnos y aprender, así como compartir experiencias, son nuestras responsabilidades indeclinables para mantenernos actualizados, atentos y resilientes, aristas esenciales para poder gestionar exitosamente nuestros negocios en nuestro tiempo.